'100% 실용영어' 팟캐스트로 원어민 음성과 저자 해설을 들으세요

정중한 영어 패턴 37

초판 1쇄 | 인쇄 2013년 11월 22일
초판 1쇄 | 발행 2013년 11월 22일

지은이 | 장승진, 프랙티쿠스 연구팀
그림 | 최정을
디자인 | 디박스
펴낸이 | 장승진
펴낸곳 | ㈜프랙티쿠스

주소 | 서울시 관악구 중앙동 870-1 9층
전화 | 02)6203-7774 팩스 | 02)6280-0021
홈페이지 | www.practicus.co.kr
이메일 | help@practicus.co.kr
출판신고 | 2010년 7월 21일 제 2010-47호

© 2013 장승진

▶ 저자와 출판사의 허락 없이는 이 책의 전부 또는 일부 내용을 어떠한 형태나 수단으로도 이용하지 못합니다.
▶ 잘못 만들어진 책은 구입처에서 바꿔 드립니다.

ISBN 978-89-6893-010-2

값 12,000 원

정중한 영어 패턴 37

장승진, 프랙티쿠스 연구팀 저

프랙티쿠스

머리말

'프랙티쿠스'라는 출판사를 차리고 여러 권의 영어책을 쓰고 냈습니다만, 이번 책을 내면서는 더욱 감회가 남달랐습니다. 〈정중한 영어 패턴 37〉은 제가 한창 영어공부를 할 때 '이런 책이 있으면 참 좋겠다'라고 생각했던 바로 그 책에 가깝기 때문입니다.

우선 정중한 영어를 다룬다는 면에서 그렇습니다. 물론 저속한 영어부터 정중한 영어까지 모두 이해할 줄 알아야 영어를 잘 하는 것이겠죠. 하지만 영어가 모국어가 아닌 사람들에게는 정중한 영어가 더 중요합니다. 저속한 말이나 우스꽝스러운 말을 문맥에 맞지 않게 쓰면 난처한 상황에 처할 수 있지만, 정중하게 말해서 손해 볼 것은 없습니다. 업무와 관련해서는 특히 그렇지요. 대화는 물론이고 이메일이나 프레젠테이션을 할 때는 정중하고 점잖은 말을 할 줄 알아야 합니다. 정중한 영어에 대한 필요성을 느낄 때마다, 안전하게 쓸 수 있는 정중한 영어 표현들만 잘 모아 놓은 책이 있으면 좋겠다는 생각을 했었는데, 생각보다 찾기가 쉽지 않았습니다. 영어 이메일을 위한 책이나 프레젠테이션을 위한 책들이 있었지만 분량이 너무 많고, 정말 내가 써볼 것 같지 않은 표현들이 너무 많았습니다.

그래서 이 책에서는 단 37개의 표현만을 패턴의 형식으로 정리했습니다. 그리고 하나의 패턴을 대화, 이메일, 프레젠테이션에 어떻게 활용할 수 있는지 구분 지어 보여주고 있습니다. 정중한 영어를 위한 패턴이 고작 37개 뿐인가 하고 의아해 하는 독자도 있을 것입니다. 하지만 수백 개의 표현을 읽고 외우고 기억해야 한다면 그것들을 과연 패턴이라 말할 수 있을지 의문입니다. 하나도 빼먹지 않고 써먹을 수 있는 알짜 패턴만을 소개하는 것이 더 좋겠다는 생각에서 37개만을 추렸습니다.

이것만 하면 영어가 된다는 류의 주장이 얼마나 허황된지는 독자들 스스로가 잘 알고 있으리라 생각합니다. 정중한 영어가 이 책 한 권으로 충분하다는 주장은 하지 않겠습니다. 하지만 이 책이 소개하는 37개의 패턴이 정중한 영어에 대한 기본적인 갈증은 해결해 줄 수 있으리라 믿습니다. 〈정중한 영어 패턴 37〉이 정중한 영어를 위한 실용적 지침서가 되길 바랍니다. 감사합니다.

장승진

차례

머리말 · 4
이 책의 구성 · 10

가장 기본적인 패턴들 · 13

1. **I'm glad ~** | ~해서 좋습니다 | 16
2. **I hope ~** | ~하길 바랍니다 | 20
3. **Would you please ~?** | ~해 주시겠습니까? | 25
4. **If you'd like ~** | 괜찮으시다면 | 29
5. **I'm afraid ~** | ~라 유감이군요 | 32
6. **I'm sorry, but ~** | 죄송합니다만 ~입니다 | 35

Exercise1 · 39

직설적이지 않게, 공손하게 말하는 패턴들 · 41

7. **I apologize ~** | ~에 대해 사과드립니다 | 44
8. **I'm not comfortable with ~** | ~이 마음에 들지 않습니다 | 48

9 **Please let me know ~** | ~에 대해 알려주세요 | 52

10 **Please allow me to ~** | 제가 ~ 하겠습니다 | 55

11 **My understanding is ~** | 저는 ~라고 알고 있습니다 | 59

12 **I'm very interested in ~** | ~할 의사가 있습니다 | 63

Exercise2 67

상대방이 좋아하지 않을 말 앞에 붙이는 패턴들
69

13 **Maybe I'm wrong, but ~** | 제가 틀렸을 수도 있지만 | 72

14 **I wish I could, but ~** | 그럴 수 있으면 좋겠습니다만 | 75

15 **I understand … but ~** | …이 이해는 갑니다만 ~입니다 | 78

16 **I (totally) understand your point, but ~**
무슨 말씀인지는 알겠습니다만 ~입니다 | 82

17 **I regret to inform you that ~**
유감스럽게도 ~하게 되었습니다 | 86

Exercise3 90

부탁할 때 쓰는 패턴들

18 **I was wondering if ~** | 혹시 ~할 수 있을까요 | 96

19 **Is there any way ~ ?** | 혹시 ~할 수 있을까요 | 100

20 **If you don't mind ~** | 괜찮으시다면 | 104

21 **If you have time ~** | 시간이 되시면 | 107

22 **Would it be possible to ~ ?** | 혹시 ~할 수 있을까요? | 111

23 **~ is really appreciated** | ~하시면 정말 감사하겠습니다 | 114

24 **Would you mind ~ ?** | ~하는 것 별로세요? | 117

25 **I'd appreciate it if ~** | ~하면 감사하겠습니다 | 121

`Exercise4` 124

명령문을 부드럽게 만드는 패턴들

26 **I'd like you to ~** | 해 주세요 | 130

27 **Please feel free to ~** | 편하게 ~하세요 | 133

28 **You are welcome to ~** | 편한 대로 ~하세요 | 137

29 **Please note that ~** | ~임을 주의해 주세요 | 140

30 **It would be better if ~** | ~하면 더 좋겠습니다 | 143

31 **I think we'd better ~** | ~하는 게 더 나을 것 같습니다 | 146

32 **Please make sure ~** | 꼭 ~해 주십시오 | 149

Exercise1 152

그 외 근사한 표현들

155

33 **I would be of help ~** | 제가 도움이 되면 | 158

34 **It's very kind of you to ~** | 친절하게도 ~해 주셨군요 | 162

35 **I'm honored to ~** | ~해서 영광입니다 | 166

36 **I look forward to ~** | ~하기를 기대합니다 | 169

37 **at your convenience** | 시간이 되실 때 | 172

Exercise6 176

이 책의 구성

패턴

정중한 영어를 말하는 데 필요한 37개의 패턴을 소개합니다. 사용 빈도가 높은 것들을 쓰임에 따라 6개의 카테고리로 구분하여 소개하였습니다. 입에 붙도록 연습하면 정중한 영어를 효과적으로 표현할 수 있으리라 생각합니다.

I'm glad ~
~해서 좋습니다

glad는 기쁘다는 뜻을 지닌 ⋯
해서 좋다라는 뜻을 전달⋯

패턴 설명

패턴의 뜻과 함께 기억해 둘 사항을 설명했습니다. 특히 주어진 패턴의 활용을 위해 주의할 점들을 담았습니다.

glad는 기쁘다는 뜻을 지닌 ⋯
해서 좋다라는 뜻을 전달하면 됩⋯
있지만 상대방의 기분을 생각해 ⋯
중한 표현이란 상대방을 되도록 ⋯
기도 하니까요.

쓰세요

이럴 때 쓰세요

어떤 상황에서 이 패턴을 써야 하는지 몇 가지 상황들을 나열했습니다. 그런 상황을 상상하며 패턴을 기억한다면 나중에 활용할 때에도 분명 도움이 될 것입니다.

⋯ 상대방의 기⋯
중한 표현이란 상대방을 되⋯
기도 하니까요.

이럴때쓰세요

- 상대방에게 생긴 어떤 일로 인해 ⋯
- 상대방과 같이 어떤 일을 해서 ⋯
- 어떤 뉴스나 사실에 대해 기⋯

대화

소개한 패턴을 대화에 쓴 예문입니다. 정중한 패턴들이니만큼 우리말로 따지면 서로 존댓말로 말할 대화를 생각하고 예문을 만들었습니다.

CONVERSATI

1 **A I'm so glad** we we today.
   B Me too. It was ve
   A 오랜만에 만나서 점심
   B 저도요. 다시 애

이메일

특히 이메일을 시작하고 끝맺음 할 때의 인사말을 포함하여, 이메일에 쓸 수 있는 정중한 예문들을 소개합니다.

EMAIL

5 **I'm so glad** we h time together wi
   방해 받지 않고 함께

I'm gl

프레젠테이션

요즘 영어로 프레젠테이션을 해야 하는 분들이 많아지면서 영어 프레젠테이션 능력이 중시되고 있습니다. 프레젠테이션을 할 때 정중한 영어를 써야 함은 두말할 필요도 없습니다. 특히 프레젠테이션의 진행과 관련된 말을 정중하게 하기는 쉽지 않습니다. 이 때 도움이 될 수 있는 문장들도 소개했습니다.

PRESENTATI

8 **I'm so glad** that yo
   오늘 제 프레젠테이션에 함

I'm glad w

연습문제

중간중간 패턴을 잘 기억했는지 확인할 수 있도록 연습문제를 두었습니다.

EXERCISE 1

Fill in the blank with the mos

01 서로를 잘 알 수 있는 기회가
   I'm _____ we

가장
기본적인
패턴들

1

정중한 영어는
기본적인 표현에서
시작합니다.

영어로 말할 때 please와 thank you라는 말을 얼마나 자주 하시나요?

외국인들은 한국인들이 please와 thank you를 말하는 데 너무 인색하다고 이야기합니다. 짧고 간단한 표현이지만 이 두 표현을 잘 쓰는 것만으로도 상대방에게 좋은 인상을 남길 수 있는데 말이죠.

정중한 영어는 이렇게 쉬운 말을 제때 할 줄 아는 데서 출발합니다. 길고 복잡하게 말하는 것이 반드시 정중한 영어는 아니죠. 이번 챕터에서는 이렇게 정중한 영어의 기본이 되는 패턴들을 소개합니다. please와 thank you만큼이나 많이 쓰게 되는 표현들이에요.

- I'm glad ~와 I hope ~는 격려의 말이나 덕담을 시작하는 패턴으로 유용합니다.

- 상대방에게 정중하게 부탁을 해야 한다면 제일 먼저 생각해 볼 패턴이 Would you please ~? 이죠.

- 상대방의 의사를 확인하지 않고 어떤 결정을 내려서는 안되겠죠. '그렇게 해도 괜찮겠냐고 물을 때 If you'd like라는 말을 넣을 수 있습니다.

- 영어로 말하다 보면 거절하거나 반대할 일도 생깁니다. 그 때는 I'm afraid ~나 I'm sorry, but ~ 와 같은 패턴으로 문장을 시작하면 됩니다.

I'm glad ~
~해서 좋습니다

1

glad는 기쁘다는 뜻을 지닌 단어죠. I'm glad 다음에 기분 좋은 내용을 넣어 '~해서 좋다'라는 뜻을 전달하면 됩니다. 정말 좋은 내용을 말하기 위해 활용할 수도 있지만 상대방의 기분을 생각해 '~해서 좋다'고 할 때 쓰면 제격인 표현입니다. 정중한 표현이란 상대방을 되도록 기분 좋게 하는 표현, 상대방을 배려하는 표현이기도 하니까요.

이럴 때 쓰세요

- 상대방에게 생긴 어떤 일로 인해 나도 기쁘다고 할 때
- 상대방과 같이 어떤 일을 해서 기분이 좋았다고 말할 때
- 어떤 뉴스나 사실에 대해 기쁘다고 말할 때

CONVERSATION

1
A I'm so glad we were able to catch up over lunch today.
B Me too. It was very nice talking with you again.

A 오랜만에 만나서 점심 같이 하니 좋았어요.
B 저도요. 다시 얘기 나눌 수 있어 좋았습니다.

2   **A** It seems like we cleared up many misunderstandings.

   B Yes, **I'm glad** we had a chance to talk.

   A 많은 오해가 풀린 것 같군요.
   B 네. 서로 말할 수 있는 기회를 가져서 좋았어요.

3   **A** Thank you for taking time out of your busy schedule.

   B **I'm glad** we finally have the chance to get to know each other.

   A 바쁘신데 시간 내 주셔서 감사합니다.
   B 서로를 잘 알 수 있는 기회가 되어 기뻐요.

4   **A** Just to double check, this work needs to be finished before the end of this week, right?

   B That's right. **I'm glad** we're on the same page.

   A 확인 차 여쭤보는 건데요, 이번 주 안에 이 일을 끝마쳐야 된다는 말씀이죠?
   B 맞아요. 상황을 서로 잘 이해하고 있어 기쁘네요.

1. catch up은 따라잡는다는 뜻이지만, 연락해서 만난다는 뜻도 지닙니다. 여기서는 후자의 뜻으로 쓰였죠.

2. clear up은 깨끗하게 없앤다는 말입니다. clear up misunderstandings는 '오해를 불식시키다' 정도 의미가 되죠.

3. take time out of one's busy schedule은 '바쁜 와중에 시간을 내다'에 딱 맞는 영어 표현입니다. Thank you for taking time out of your busy schedule.을 인사말처럼 쓰면 됩니다. get to know each other는 어떤 사람과 친해진다고 할 때 쓰는 표현인데요, 왜 get to가 들어가는지 너무 분석하지 말고 통째로 기억하는 것이 좋겠습니다.

4. 어떤 내용을 재차 확인한다고 할 때 예문처럼 double check 이라고 하거나 reconfirm 이라고 말할 수 있습니다. be on the same page는 '같은 페이지를 펼치고 있다', 즉 '어떤 일에 대해 같은 입장이다', '현재 상황을 서로 잘 알고 있다'라는 뜻입니다.

 EMAIL

5 **I'm so glad** we had the chance to spend some quality time together without any interruptions.

방해 받지 않고 함께 좋은 시간 보낼 수 있어 좋았습니다.

6 **I'm glad** we had the chance to meet last week, and I hope you've been able to review some of the samples.

지난 주에 뵙게 되어 반가웠습니다. 견본을 검토할 기회가 있으셨기를 바랍니다.

7 **I'm glad** we decided to continue the relationship between our businesses, and I feel it will be mutually beneficial in the future.

사업을 같이 지속할 수 있게 되어 기쁩니다. 앞으로도 서로에게 많은 도움이 될 것 같습니다.

5. 좋은 시간을 보낸다고 할 때 quality를 형용사처럼 쓰는 경우가 많습니다. good quality라고 하지 않고 그냥 quality라고만 해도 '질 좋은', '양질의'라는 뜻이 되죠.
6. 업무 때문에 만난 적이 있는 사람에게 메일을 쓸 때는 예문처럼 지난번에 만나서 반가웠다는 말부터 하는 것이 좋겠죠. 어떤 것을 훑어 보듯 검토한다고 할 때 떠올릴 단어가 review입니다.
7. 일과 관련하여 '앞으로도 좋은 인연이 되었으면 좋겠습니다'라는 말을 하게 되는데요, 이에 해당하는 표현으로 위 예문을 기억하면 좋겠습니다. 서로 혜택이 된다는 뜻의 mutually beneficial은 '서로에게 좋은 인연이 된다'는 말을 전달하기에 적합한 표현이죠.

 PRESENTATION

8 **I'm so glad** that you're able to join us today.

   오늘 제 프레젠테이션에 함께 해 주셔서 감사합니다

9 **I'm glad** we're able to take this opportunity to introduce our company's products.

   오늘 저희 회사 상품을 소개할 수 있게 되어 기쁩니다.

10 **I'm so glad** our company took the top spot in the English education industry this year.

   저희 회사가 영어 교육 업계 1위의 자리를 차지하게 되어 기쁩니다.

---

8. 프레젠테이션을 시작하는 인사말로 유용하게 쓸 수 있는 표현이니 통째로 기억했다가 활용해 보세요.

9. 역시 프레젠테이션을 시작하면서 할 수 있는 인사말입니다. product 자리에 프레젠테이션의 내용을 넣으면 되죠. 예를 들어 마케팅 계획을 발표한다면 I'm glad I have the chance to show some of our marketing plans today.처럼 말하면 됩니다.

10. 이렇게 기쁜 소식을 말할 때 I'm glad로 문장을 시작하면 무난합니다. 마치 습관처럼 I'm glad 를 붙일 수 있도록 연습해 보세요.

I hope ~

~하길 바랍니다

상대방에게 좋은 일이 있기를 바란다고 할 때 유용하게 쓸 수 있는 표현입니다. 앞으로 어떤 일이 있을 예정이라면 그 일이 잘 되기를 바란다는 뜻으로 쓸 수 있죠. 혹은 상대방이 만족하기를 바라는 마음에서 '~라고 느끼기를 바랍니다', '~라고 생각하기를 바랍니다'라고 하기 위해 활용할 수도 있습니다. 덕담 한마디 덧붙일 때 활용하면 좋은 패턴입니다.

I am hoping이나 I was hoping처럼 진행형으로 쓰는 경우도 있습니다. 특히 I was hoping처럼 과거형으로 쓰면 '~하길 바라 왔는데요'라는 의미이므로, 오랫동안 기대했던 바를 정중하게 말할 때 유용합니다.

이럴 때 쓰세요

- 앞으로 할 일이 잘 되길 바란다고 할 때
- 내가 제공한 무엇에 대해 상대방이 만족하기를 바랄 때
- 뭔가를 바라는 내용 앞에 붙이는 말로

CONVERSATION

1
A I had a great time meeting up and having some coffee together.
B **I hope** I can see you again soon!

A 만나서 커피 한 잔 하니 좋았어요.
B 곧 다시 볼 수 있기를 바랄게요.

2   **A I hope** your interview will go well.
    B Thank you!

    A 인터뷰 잘 되길 바랄게요.
    B 고마워요.

---

3   **A** I'm so tired from my busy work schedule these days.
    B I hope you can take some time off in the near future.

    A 요새 일이 바빠서 너무 지쳤어요.
    B 조만간 휴가를 좀 낼 수 있기를 바랄게요.

---

4   **A** Considering how long I've worked at this company, **I was hoping** you would consider giving me a raise this year.
    B I'm sorry. It's just not possible with how business is these days.

    A 이제 입사한 지도 꽤 되었으니 올해는 연봉 인상을 생각해 주시지 않을까 기대하고 있었어요.
    B 미안하네. 사업이 요새 같아서는 곤란해.

---

5   **A** I haven't been feeling well lately.
    B I hope you're on your way to feeling better.

    A 요즘 몸이 안 좋아요.
    B 건강이 좋아지길 바랍니다.

해설
1. 영어에서는 이렇게 동사 뒤에 up을 붙여 의미를 강조하는 경우가 많습니다. 누구를 만난다고 할 때도 meet up이라는 표현을 많이 쓰죠.
2. 어떤 일이 잘 되어 나가는 것을 표현할 때 쓰는 동사가 go입니다. 예를 들어 인터뷰 잘 했냐고 물을 때 How did the interview go?처럼 말하면 되죠.

3. 'take 시간 off'는 하던 일을 그 시간 만큼 중단한다는 뜻입니다. 여기처럼 며칠 휴가를 내는 것뿐 아니라, 휴학을 하거나 휴직을 하는 것도 'take 시간 off'로 표현할 수 있죠. 예를 들어 '1년간 휴학하고 외국에 어학연수를 갈 거다'라는 말은 I'm going to take one year off and take English courses overseas.처럼 말할 수 있습니다.
4. I hope을 응용한 I was hoping도 정중하게 어떤 일을 기대한다고 말할 때 유용합니다. 진행형을 쓰는 것이 조금 어색하게 보일 수도 있겠지만 빈번히 등장하는 표현입니다. 특히 예전부터 어떤 일이 이루어지기를 바라고 있었다는 의미로 할 수 있는 말이죠.
5. 몸이 좋지 않거나 컨디션이 나쁘다고 할 때 쓰는 표현이 not feel well입니다. 구어에서는 feel good이라고 하는 경우도 많지만 원래 feel well이 정확한 말이죠.

EMAIL

6 **I hope** this email finds you well.

그동안 잘 지내셨나요.

7 **I hope** I have answered all of your questions.

문의하신 내용에 충분한 답변이 되었길 바랍니다.

8 **I hope** I have addressed the problem to your satisfaction.

문제점이 만족스럽게 해결되었기를 바랍니다.

9 **I hope** we can come to a mutual understanding.

서로의 입장을 잘 이해하게 되길 바랍니다.

10 **I hope** you will contact me if you have any further questions.

더 궁금한 점 있으시면 연락 주시기 바랍니다.

11 **I hope** we'll be able to maintain a great business relationship moving forward.

앞으로 좋은 인연이 되었으면 좋겠습니다.

6. 이 표현을 통째로 기억하고 이메일을 시작하는 인사말로 써 보기 바랍니다. 이메일이 잘 도착하기를 바란다는 의미지만, '그 동안 잘 지내셨나요' 정도 뜻을 지니는 인사말이기도 합니다. 영어로 이메일을 쓸 때 시작하고 끝맺는 인사말들이 생각나지 않는 경우가 많습니다. 인사말이 영어 이메일의 반을 차지한다고 해도 과언이 아니죠. I hope this email finds you well.은 이메일을 시작하기에 좋은 정중한 인사말입니다. 가까운 사이라면 I hope you've been doing well.처럼 말해도 되죠.

8. address는 '주소' 이외에 문제를 해결한다는 의미도 지닙니다. 문제를 해결한 후에 상대방에게 예문처럼 말해 주면 좋겠죠.

10. '더 궁금한 점이 있으면 알려달라'는 말을 이메일에서 많이 쓰게 되는데요, 예문을 기본 패턴으로 익히면 됩니다. 달리 Please let me know if you have any further questions.처럼 말해도 좋죠.

11. 여기서도 relationship이라는 단어로 비즈니스에서의 '인연'을 표현하고 있습니다. '앞으로'를 moving forward처럼 표현하고 있는데, going forward라고 해도 좋습니다.

 PRESENTATION

12 **I hope** you will find my presentation helpful.

제 프레젠테이션이 도움이 되면 좋겠습니다.

13 **I hope** you will feel comfortable asking any questions that arise.

어떤 질문이든 편하게 해 주시기 바랍니다.

14 **I'm hoping** the information I present will clarify any confusion about the new policies.

오늘 제가 전달해드리는 정보가 새 정책에 대한 혼란을 모두 불식시킬 수 있으면 좋겠습니다.

12. find는 발견한다는 뜻이 아니라 '~라고 생각하다'라는 뜻입니다. my presentation이 helpful하다고 생각하기를 바란다고 말하고 있죠. '제가 발표하는 내용이 도움이 되시길 바랍니다'라고 할 때 쓸 수 있는 문장입니다.

13. 앞으로도 다루겠지만 comfortable은 다음에 ~ing 형이 와서 '편하게 ~하다'라는 의미를 지닙니다. '편하게 질문하다'를 feel comfortable asking questions라고 표현하고 있습니다.

14. clarify는 clear에서 나온 동사로, '불분명한 것을 분명히 밝힌다'는 뜻으로 쓸 수 있습니다. 여기서는 혼란을 없애는 것이므로 clarify confusion이라고 했죠. 오해를 없앤다면 clarify misunderstandings라고 하면 됩니다.

Would you please ~?

~해 주시겠습니까?

3

정중한 영어를 잘 구사하기 위해서는 would, could와 같은 조동사의 과거형에 주목할 필요가 있습니다. Will you please ~?라고 하는 것보다 Would you please ~?가 조금 더 정중한 느낌을 주죠. Would you please ~?는 상대방에게 어떤 부탁을 할 때 가장 기본적으로 쓸 수 있는 패턴입니다.

Would you please ~? 대신 Would you be able to ~?로 표현해도 좋습니다. '~할 수 있을까요'라는 말이니 역시 정중한 부탁을 뜻하죠.

이럴 때 쓰세요

- 정중히 어떻게 해 달라고 부탁할 때
- 상대방에게 뭔가 요구하는 것이 있을 때

CONVERSATION

1 **A Would you please** speak a little louder?
  B I'm sorry, I'm at a restaurant. Can I call you back in about an hour?

  A 조금만 크게 말씀해 주시겠어요?
  B 죄송한데요, 제가 지금 식당이거든요. 1시간쯤 후에 전화 드려도 될까요?

2 **A** Is there anything I can do for you?
   B **Would you please** help me with these boxes?

   A 제가 도와드릴 일이 있나요?
   B 이 상자 옮기는 데 좀 도와주시겠어요?

3 **A** **Would you please** keep the doors open until 9 pm?
   B Sure thing. I'll close up after you've come back.

   A 9시까지 문을 열어 두시겠어요?
   B 그럴게요. 돌아 오신 다음에 잠그겠습니다.

4 **A** I'm going to get some coffee for myself. Would you like anything?
   B **Would you be able to** bring me some coffee, too?

   A 저는 커피 마시려고 하는데 뭐 좀 갖다 드릴까요?
   B 저도 커피 좀 주시겠어요?

5 **A** The room feels stuffy. **Would you please** open the window?
   B Certainly.

   A 방이 답답하네요. 창문 좀 열어 주시겠어요?
   B 네.

1. '좀 크게 설명해 달라'는 말을 speak louder 혹은 speak up이라고 할 수 있습니다.
2. 상자 옮기는 것을 도와달라는 말이지만 help me with these box처럼 '옮기다'라는 단어 없이 표현하고 있죠. 전치사 with를 적절히 쓰는 것이 핵심입니다.
3. sure thing은 '물론이죠'라는 뜻을 지닌 구어 표현입니다.
4. 여기서는 would you please 대신 would you be able to를 써서 공손하게 부탁하고 있습니다.
5. 꽉 찬 것 같아 답답한 느낌을 표현할 때 쓸 수 있는 단어가 stuffy입니다. stuff는 '채우다'라는 뜻을 지닌 동사이기도 한데 y를 붙여 형용사로 만들었죠.

✉ EMAIL

6 **Would you please** send me a copy of your receipt?

영수증 사본을 보내주시겠어요?

7 **Would you please** call me tomorrow after 10 am?

내일 오전 10시 이후에 전화 주시겠습니까?

8 **Would you please** be so kind as to give me more details about your problem?

어떤 문제가 있으신지 좀 더 자세히 알려주실 수 있을까요?

9 **Would you please** look at the spreadsheets I've attached and give me feedback by tomorrow?

첨부한 스프레드시트 파일 확인하시고 내일까지 답신 주실 수 있을까요?

8. Would you please give me ~?라고 해도 되지만 Would you please be so kind as to처럼 be so kind as to ~라는 말을 썼는데요, '~할 정도로 친절할 수 있겠습니까', '친절하게 ~까지 해 주시면 좋겠어요'라는 의미를 지닌 표현입니다.

9. 상대방의 의견을 이렇게 feedback이라고 표현하는 경우가 많습니다. 우리말 '의견을 알려주세요'를 영어로 옮길 때 쓸 수 있죠.

🖥 PRESENTATION

10 **Would you please** go to the next slide?

다음 슬라이드 보여주세요.

11　**Would you please** dim the lights?

불을 좀 어둡게 해 주시겠습니까?

12　**Would you please** silence your mobile phones?

휴대폰은 무음으로 해주시겠습니까?

13　**Would you please** hold all questions until the end?

질문은 맨 마지막에 해 주시겠습니까?

10. 프레젠테이션에서 슬라이드를 넘기는 사람이 따로 있다면 쓸 수 있는 표현입니다. 동사 go를 써서 간단히 표현하고 있죠.
11. 불을 어둡게 한다고 할 때 dim이라는 단어를 쓰고 있습니다. dim은 형용사로 불빛이 침침하다는 뜻도 지니지만 동사로 '불빛을 낮추다'라는 뜻을 지니기도 하죠. turn down the light 혹은 lower the light라고 말해도 됩니다.
12. 휴대전화를 진동으로 한다면 put the phone on vibration처럼 말하면 됩니다. 무음으로 한다면 put the phone on silent처럼 말하면 되죠. 여기서는 간단히 silence를 동사로 써서 표현하고 있습니다.
13. 역시 프레젠테이션하면서 쓸 법한 말이죠. 마지막 순간까지 질문을 하지 말고 '붙잡고 있으라'는 뜻으로 hold를 썼습니다.

If you'd like ~

괜찮으시다면

if you'd like ~는 두 가지 활용을 생각해 볼 수 있습니다. if you'd like to ~라고 하면 '~하고 싶으시다면'이라는 뜻이 되죠. 하지만 if you'd like라고만 하면, '괜찮으시다면', '원하신다면' 정도의 뜻을 지닙니다. 자신의 의견을 말한 후, 상대방의 의향은 어떤지 물어보기 위해 덧붙이는 말처럼 쓰면 되죠.

상대방의 의향이 어떤지 묻기 위해 if it's okay with you라고 말할 수도 있습니다. 이 말은 격식을 조금 덜 차린 표현이 되지요. 만일 시간약속을 정하기 위해 '그때 시간 괜찮냐'고 하려면 if it works fine for you처럼 말할 수도 있습니다.

이럴 때 쓰세요

- 상대방의 생각은 어떤지 묻는 말을 넣어 대화를 부드럽게 만들고자 할 때
- 제안하는 문장에서 상대의 의견을 존중하는 느낌을 주기 위해
- 상대방에게 호의를 베풀면서 더욱 정중한 느낌이 들도록 할 때

CONVERSATION

1   **A If you'd like**, let's get some coffee after lunch.
    B That sounds good. There's a new Starbucks around the corner.

   A 괜찮으시면 점심 먹고 커피 마시죠.
   B 좋아요. 저 모퉁이에 새로 스타벅스가 생겼더군요.

2   **A** I'll drop you off at the airport tonight, **if you'd like**.
    B Thank you so much!

   A 괜찮으시면 저녁에 공항까지 태워 드릴게요.
   B 감사합니다.

3   **A** I can fill in for you at work, **if you'd like**.
    B Thank you very much. My shift start at 9 am tomorrow. You're the best!

   A 원하시면 제가 업무를 대신해 드릴게요.
   B 고마워요. 저는 내일 아침 9시부터 근무예요. 정말 최고세요!

해설
2. 떨어진 물건을 집는 것이 pick이고 떨어뜨리는 것은 drop이죠. 하지만 이 두 단어는 사람을 데려오거나 바래다 준다는 뜻도 지닙니다. drop off는 차로 데려다 준 후 내려주는 것을 말합니다.

3. fill in for somebody는 타인의 업무를 대신 해준다는 뜻입니다. 예를 들어 휴가로 자리를 비운 사람의 일을 대신 해줄 때 쓸 수 있는 표현이죠. 전환한다는 뜻을 지닌 shift는 '업무교대'를 의미하는데, 더 나아가 '근무시간', '근무조'를 뜻하기도 합니다.

 EMAIL

4   I'd be happy to assist you with your presentation, **if you'd like**.

   괜찮으시면 프레젠테이션 준비를 도와 드리겠습니다.

5   **If you'd like**, I can print out the attached documents for the meeting.

   원하시면 첨부한 회의자료를 출력하겠습니다.

해설
4. 돕는다고 할 때, 어떤 일을 돕는지 표현하려면 여기처럼 전치사 with 다음에 그 내용을

쓰면 됩니다.
5. 이메일에 파일 첨부하는 것을 attach라고 말합니다.

PRESENTATION

6   **If you'd like**, I can go a little bit faster and end a few minutes ahead of schedule.

원하신다면 좀 더 빨리 진행해서 일정보다 몇 분 일찍 제 발표를 마치겠습니다.

7   I'll send everyone the PDF copy of the documents included in today's presentation, **if you'd like**.

원하신다면 오늘 프레젠테이션 자료를 PDF 파일로 보내드리겠습니다.

 6. 정해진 계획보다 먼저 진행하는 것을 표현할 때 'ahead of 시간'이라는 표현이 유용합니다. 스케줄보다 빨리 진행하면 ahead of schedule이라고 하면 되고, 예정된 시간보다 일찍이라면 ahead of time이라고 할 수 있죠. 또, '나는 그보다 2년 선배다'는 I'm two years ahead of him.처럼 말할 수 있습니다.

I'm afraid ~

~라 유감이군요

5

별로 안 좋은 얘기를 해야 할 때, 그런 얘기 앞에 붙이는 패턴입니다. 부탁을 거절하거나 상대방의 생각에 반대해야 할 때 I'm afraid ~를 붙임으로써 상대의 기분을 덜 상하게 한다고 생각하면 됩니다. 내가 할 말 때문에 상대가 기분 상해 할 것 같을 때, 그 때가 정중한 영어 패턴이 필요한 순간이죠.

이럴 때 쓰세요

- 말을 하는 사람이나 듣는 사람에게 뭔가 안 좋은 일이 있을 때 그 내용을 말하기 위해
- 상대방의 부탁이나 요청을 들어줄 수 없다고 말할 때

CONVERSATION

1 **A** Are you able to have lunch together tomorrow?
   B **I'm afraid** tomorrow won't be a good day for me to meet.

   A 내일 점심 같이 할 시간 되세요?
   B 죄송한데 내일은 별로 좋은 날이 아닌 것 같은데요.

2 **A** The boss is taking everyone out for dinner. Can you join us?
   B **I'm afraid** I won't be able to make it this time. I'll take a rain check.

A 사장님이 직원 모두 저녁 사주신답니다. 오실 수 있어요?
B 죄송한데 이번에는 못 갈 것 같아요. 다음에 같이 해도 될까요?

3 **A I'm afraid** we have to cut our conversation short. I have to take another phone call.
B No problem. Let me call you again later.

A 죄송한데 이만 얘기해야 될 것 같습니다. 다른 전화 받을 게 있거든요.
B 괜찮습니다. 다음에 다시 전화할게요.

2. take somebody out for dinner는 '저녁을 위해(for dinner) 데리고 나가다(take out)' 즉 '저녁을 사주다'라는 뜻입니다. I won't be able to make it.에서 make it 은 어떤 약속을 지키거나 목표를 달성한다는 말이죠. rain check은 야구에서 우천으로 경기가 연기될 때 다음에 경기를 볼 수 있도록 발급해주는 증표(check)를 의미했는데, 의미가 확대되어 '다음에 같이 하면 어떻겠냐'는 뜻으로 하는 말이 되었죠.

3. cut the conversation short는 '대화를 짧게 끝내다'라는 뜻입니다. 소위 5형식으로 구성된 표현이죠.

EMAIL

4 **I'm afraid** we can't offer you a full refund.

죄송합니다만, 전액을 환불해 드릴 수 없습니다.

5 **I'm afraid** you misunderstood me. Please allow me to clarify.

오해하고 계신 것 같네요. 제게 해명할 기회를 주세요.

6 **I'm afraid** I accidentally deleted your last email. Do you mind resending the documents?

죄송합니다만 지난 번에 보내주신 메일을 제가 실수로 지웠습니다. 문서를 다시 한 번 보내주실 수 있을까요?

4. 이메일에서뿐 아니라 매장에서 점원이 손님에게 할 수 있는 말이죠.
5. clarify는 불분명한 것을 분명하게 밝힌다는 뜻을 지닙니다. 오해를 해명하겠다고 할 때 유용한 단어죠.
6. 이메일을 주고받다 보면 예문처럼 말해야 할 경우가 생각보다 많습니다. 문장 전체를 기억하고 활용하면 좋겠습니다. 나도 모르게 실수로 어떤 일을 했다고 할 때 accidentally라는 단어가 유용하죠.

PRESENTATION

7   **We need to end a little early, I'm afraid.**

죄송합니다만 좀 더 일찍 끝내야 할 것 같습니다.

8   **I'm afraid this is going to take a little longer than originally planned.**

죄송합니다만 발표가 원래 계획보다 더 오래 걸릴 것 같습니다.

9   **I'm afraid I can't answer your questions as I don't have the pertinent data with me.**

제가 관련 데이터를 가지고 있지 않아 지금 질문하신 내용에는 답변을 드릴 수가 없네요.

 7. 하고 싶은 말을 먼저 한 후에 문장 끝에 I'm afraid를 붙여 표현하기도 합니다.
8. 원래 계획보다 오래 걸린다고 할 때 longer than planned처럼 planned를 과거분사형으로 쓰는 점에 주의하세요. '예상보다 ~이다'라고 할 때도 ~ than expected처럼 과거분사형 expected를 써서 표현합니다.
9. 답변하기 곤란한 질문을 받았을 때 관련된 정보가 없다거나 정보가 부족하다고 말하면 아주 요령있는 대처법이 되죠. pertinent는 관련이 있다는 뜻인데요, 좀 더 쉽게 I don't have the related data with me. 혹은 I don't have enough data with me.라고 해도 좋습니다.

I'm sorry, but ~

죄송합니다만 ~입니다

thank you, please, excuse me와 함께 빈번히 써야 할 표현이 I'm sorry ~입니다. 상대방이 좋아하지 않을 말이나 행동을 해야 한다면 I'm sorry라는 말부터 붙이고 시작하는 것이 좋겠죠.

'이런 말 해서 죄송하지만'이라는 의미로 I'm sorry to say this, but ~이라고 말할 수도 있습니다. 좀 더 정중하게 미안하다는 말을 할 때는 apologize라는 동사를 쓰는데요, 패턴 7에서 더 자세히 다룹니다.

이럴 때 쓰세요

- 상대방이 좋아하지 않을 내용을 말할 때
- 상대방에게 사과해야 할 때
- 상대방의 요청이나 요구를 들어줄 수 없다고 할 때

CONVERSATION

1
A Yes, Mr. Brown, did you need to tell us something?
B **I'm sorry, but I** need to leave a little earlier than I originally planned.

  A 네 브라운 씨. 하실 말씀이 있으신가요?
  B 죄송합니다만, 원래 계획한 것보다 좀 더 일찍 가봐야 할 것 같습니다.

2   **A I'm sorry to say this, but I** don't think you understand what I'm talking about.
   B Ok. Then can we go over it again?

   A 이렇게 말씀 드려 죄송합니다만, 제 말을 잘 이해하지 못하신 것 같아요.
   B 알겠습니다. 그럼 이 문제들을 다시 논의할까요?

3   **A I'm sorry to say this, but I** can't offer you a discount today.
   B But this is the third time I have bought this product.

   A 이렇게 말씀 드려 죄송한데, 오늘은 깎아드릴 수 없습니다.
   B 이 물건 벌써 세 번째 사는 건데요.

4   **A I'm sorry, but** I'll need to see some ID before we continue with the loan application process.
   B Then, do I have to come back again with my ID?

   A 죄송합니다만 대출 신청 절차를 진행하려면 신분증부터 확인해야 합니다.
   B 그럼 신분증을 갖고 다시 와야 하나요?

5   **A** Hi, I dropped off my phone for repair at your shop yesterday.
   B I'm sorry, but your mobile phone is unable to be repaired.

   A 안녕하세요. 어제 제 전화 수리 맡겼는데요.
   B 죄송합니다만 고객님 전화기는 수리가 불가능합니다.

해설

2. I'm sorry, but ~대신에 I'm sorry to say this, but ~처럼 '이런 말 해서 죄송합니다만 ~입니다'라고 할 수도 있죠. go over는 어떤 문제나 문서를 '훑어 본다', '검토한다'는 뜻입니다.

3. 할인해 준다고 할 때 제공한다는 뜻을 지닌 offer를 써서 offer you a discount처럼

말할 수 있죠.

4. 미국에는 주민등록증과 주민등록번호가 없기 때문에 신분증은 그냥 ID (identity) card 정도로 표현하면 되겠습니다. 대신 사회보장번호 social security number를 우리의 주민등록번호처럼 사용하죠.
5. 여기서 drop off는 떨어뜨린다는 뜻이 아니라 맡긴다는 뜻을 지닙니다. 반대말 pick up은 찾아간다는 뜻이죠.

 E M A I L

6   **I'm sorry to say this, but** your application has been rejected. Please review the reasons below.

죄송합니다만 귀하의 지원은 받아들여지지 않았습니다. 그 이유는 아래를 참고하십시오.

7   **I'm sorry, but** it looks like I have to reschedule our meeting for another day.

죄송합니다만 오늘 회의를 다른 날로 옮겨야 할 것 같습니다.

8   **I'm sorry to say this, but** our department cannot help you any further. Please contact customer care at the email address below.

죄송합니다만 저희 부서에서는 더 이상 고객님께 도움을 드릴 수 없습니다. 아래 이메일 주소로 고객응대 부서에 연락하시기 바랍니다.

6. 채용 담당자가 지원자에게 보낼 법한 메일입니다. 안 좋은 소식을 전하는 것이므로 I'm sorry to say this, but ~으로 문장을 시작하고 있죠.
7. 정해진 약속 시간을 변경한다고 할 때 이렇게 reschedule이라는 단어가 유용합니다. 시간을 앞으로 당기든 뒤로 미루든 상관없이 쓸 수 있죠.
8. '더 도와 준다', '더 자세히 말한다', '더 다룬다' 등 어떤 일을 추가로 한다는 의미를 전달할 때 further라는 단어가 유용합니다. 그리고 '~로 연락해 주십시오'라고 말할 때는 이렇게 contact를 쓰면 무난합니다.

9 **I'm sorry, but** I couldn't find any further information on this topic in such a limited amount of time.

죄송합니다만, 시간이 충분치 않아 이 주제에 대해서는 더 많은 정보를 찾을 수 없었습니다.

10 **I'm sorry to say this, but** honestly, these numbers present a bleak outlook for the company's revenue.

유감스러운 이야기입니다만, 이 수치들을 보면 솔직히 회사 매출 전망이 어둡습니다.

9. 여기도 further라는 단어로 추가 정보를 표현하고 있습니다. '제한된 시간'은 우리말을 그대로 옮겨 in such a limited amount of time이라고 했죠.

10. '전망'을 표현하는 가장 일반적인 단어가 outlook입니다. 전망이 불투명하다는 뜻으로 bleak라는 단어를 쓰고 있는데요, 원래는 어둡다는 뜻인데 '암울하다'라는 의미도 지닙니다.

EXERCISE 1

Fill in the blank with the most appropriate word.

01 서로를 잘 알 수 있는 기회가 생겨 기뻐요.

I'm _____ we have the chance to get to know each other.

02 잘 지내고 계시죠?

I _____ you've been doing well.

03 휴대폰은 무음으로 해주시겠습니까?

Would you _____ silence your mobile phones?

04 원하신다면 일정보다 몇 분 일찍 제 발표를 마치겠습니다.

If you'd _____, I can end my presentation a few minutes ahead of schedule.

05 이번에는 못 갈 것 같은데 어쩌죠.

I'm _____ I won't be able to make it this time.

06 죄송합니다만, 시간이 충분치 않아 이 주제에 대해서는 더 많은 정보를 찾을 수 없었습니다.

I'm _____, but I couldn't find any further information on this topic in such a limited amount of time.

07 문제점이 만족스럽게 해결되었기를 바랍니다.

I _____ I have addressed the problem to your satisfaction.

답 1. glad 2. hope 3. please 4. like 5. afraid 6. sorry 7. hope

직설적이지 않게, 공손하게 말하는 패턴들

2

존댓말은 한국어에만 있다?

영어에는 존댓말이 없다고 생각하는 분들이 많지만, 꼭 그런 것은 아닙니다. 물론 영어가 우리말처럼 존대법이 복잡하게 발달한 언어는 아니지만, 상대방을 존대하는 표현이 없는 언어는 아마 세상에 없을 것입니다.

상대방을 존대하는 표현이란, 자신의 생각을 분명히 말하면서도 상대방의 마음을 상하지 않게 하는 표현을 일컫습니다. 그렇게 하기 위해 자신을 낮추고 직설적이지 않게 돌려 말하는 기술이 요구될 것입니다. 어찌 보면 이 책에서 다루고 있는 모든 패턴들이 결국 상대방을 존대하기 위한 표현들이 되겠지요.

이번 챕터에서는 좋다는 말과 싫다는 말을 직설적이지 않게 돌려 표현하기 위해 필요한 패턴과, 자신을 낮추며 말할 때 쓰는 패턴들을 익혀 보겠습니다.

- 정중하게 사과할 줄 알아야 합니다. I apologize ~는 I'm sorry ~보다 더 정중하게 사과의 뜻을 전달하는 패턴입니다.

- 좋다는 말도 싫다는 말도 너무 직설적으로 하지 않는 것이 정중한 영어입니다. 어떤 것이 좋다는 말은 I'm very interested in ~이라고 할 수 있고, 반대로 어떤 것이 싫다면 I'm not comfortable with ~ (~이 마음에 들지 않습니다)라고 돌려 말할 수 있죠.

- 상대방의 생각이 내 생각과 다를 때, 상대의 기분이 상하지 않도록 정중하게 말할 줄 알아야 합니다. '내가 틀릴 수도 있지만 나는 이렇게 알고 있다'는 뜻으로 My understanding is ~처럼 표현할 수 있습니다.

- 자신을 낮추는 것이 곧 정중함이지요. Please allow me to ~, Please let me know ~처럼 행동의 주체인 자신을 낮추면서 말하는 방식이 유용합니다.

I apologize ~

~에 대해 사과드립니다

정중한 영어를 말하기 위해서는 정중하게 사과하는 법을 알아야겠죠. 앞서 설명한 I'm sorry ~보다 더 정중하게 사과할 때 apologize라는 동사를 쓰면 됩니다. I apologize for 다음에 사과하는 내용을 넣는 식으로 활용하죠. 아니면 I'm sorry, but ~과 마찬가지로 I apologize, but ~의 형태로 상대방이 좋아하지 않을 내용을 말하기에 앞서 붙이기도 합니다.

이럴 때 쓰세요

- I'm sorry ~보다 더 정중히 사과할 때
- 상대방의 양해를 구할 내용을 말하기 위해

CONVERSATION

1
- **A** The electricity has been out for over an hour. Can you please do something?
- **B** **I apologize for** the inconvenience. We're working on fixing it right now.

- **A** 전기가 한 시간이 넘게 안 들어와요. 어떻게 해 주실 수 없나요?
- **B** 불편을 드려 죄송합니다. 현재 문제를 해결하기 위해 노력하고 있습니다.

2   **A** Can you tell me how long it will be until we can be seated?

   B **I apologize for** the wait. We're a bit understaffed today.

   A 얼마나 더 기다려야 자리에 앉을 수 있나요?
   B 기다리시게 해서 죄송합니다. 오늘 저희 일손이 좀 부족합니다.

3   **A** Can we talk a bit more about your proposal?

   B **I apologize, but** I really have to run right now.

   A 귀사의 제안에 대해 더 얘기해 볼 수 있을까요?
   B 죄송합니다만 제가 지금 가봐야 합니다.

1. 전기가 들어오지 않는다는 말을 out이라는 단어로 간단히 표현하고 있습니다. inconvenience는 누군가가 느낄 수 있는 불편함을 표현하기에 적합한 단어입니다. I'm sorry for the inconvenience. 혹은 I apologize for the inconvenience. 라는 문장을 기억하고 활용해 보기 바랍니다.

2. 일손이 부족한 상황을 understaffed라는 말로 표현하고 있습니다. staff는 명사로 '직원들'을 뜻하지만 동사로 '조직의 인원을 구성한다'는 뜻도 지닙니다. 부족하게(under) 인원이 구성되어 있다는 의미에서 understaffed라는 말을 쓴 거죠. 더 쉽게 We're short-handed today.라고 할 수도 있습니다.

3. 여기 나오는 run은 달린다는 뜻이 아니라 '가다', '떠나다'라는 뜻입니다 실제 자리를 뜨는 것을 의미하기도 하고, 전화를 끊거나 채팅을 그만두어야 한다는 뜻으로도 쓰죠. 친구와 메신저로 얘기하다가 이제 그만 해야겠다고 말하려면 I've got to go. 혹은 I've got to run.이라고 하면 됩니다.

EMAIL

4   **I apologize for** the late reply.

   답장이 늦어 죄송합니다.

5   **I apologize that** I didn't respond sooner.

좀 더 빨리 답신 드리지 못해 죄송합니다.

6   **I apologize for** not attaching the files I mentioned earlier.

전에 말씀 드린 파일을 첨부하지 않아 죄송합니다.

7   **I apologize for** sending the previous email in error.

앞서 메일을 실수로 보내드려 죄송합니다.

8   **I apologize, but** I'm going to have to cancel our dinner tonight.

죄송합니다만 오늘 저녁 약속은 취소해야 되겠습니다.

9   **I apologize for** the mix-up that occurred today. I will take steps to ensure it will not happen again in the future.

오늘 발생한 혼란에 대해 사과 말씀 드립니다. 같은 일이 다시 일어나지 않도록 조치를 취하겠습니다.

4.5.6. 영어로 이메일을 쓰면서 많이 하게 되는 말들을 모아 두었습니다. apologize라는 단어를 써서 정중하게 사과하는 것이 핵심입니다.

7. 먼저 보낸 메일은 previous mail이라고 말하면 됩니다. 메일을 보내다 보면 잘못 보내는 일도 생기게 되는데요, I apologize for sending the previous email in error.를 그대로 기억해 두고 활용하면 되겠죠.

8. I'm sorry, but ~과 마찬가지로 I apologize, but ~ 다음에 그 내용을 써서 표현해도 좋습니다.

9. mix-up은 약속이 꼬이거나 일이 틀어지는 혼란을 말합니다. confusion의 의미로 생각하면 되죠. take steps는 발걸음을 내딛는다는 뜻 외에 조치를 취한다는 의미도 지닙니다. 여기서는 후자로 쓰인 거죠.

PRESENTATION

10 **I apologize for** our late start today.

늦게 시작하여 죄송합니다.

---

11 **I apologize, but** I cannot answer that question right now as I don't have enough data.

죄송합니다만, 제가 데이터가 충분치 않아 그 질문에는 답변을 드릴 수 없습니다.

---

12 **I apologize that** my powerpoint slides are not working. Please refer to the handouts.

죄송합니다만, 파워포인트가 잘 작동하지 않으니 나누어드린 자료를 참고해 주시기 바랍니다.

---

13 **I apologize, but** I'm going to have to cut you short as we have other things on the agenda today.

죄송합니다만, 오늘 다른 논의할 사항들이 있어 지금 하시는 말씀은 이만 정리해야 할 것 같습니다.

---

10. 발표를 조금 늦게 시작하게 되었을 때 유용하게 쓸 수 있는 표현입니다.
12. handout은 발표를 위해 나누어 주는(hand out) 문서를 말하죠. refer to는 어떤 것을 참고한다고 할 때 쓸 수 있는 표현입니다.
13. cut someone short는 말하는 것을 짧게 끊는다는 뜻입니다. 여기 있는 예문은 상대방의 기분이 상하지 않게 하면서 발표 시간을 관리할 때 쓸 수 있는 문장입니다.

I'm not comfortable with ~

~이 마음에 들지 않습니다

comfortable은 편안하다는 뜻을 지닌 형용사지만, 어떤 것을 좋아하거나 받아들인다는 말을 근사하게 표현하기에도 유용한 단어입니다. '좋다', '싫다'라고 직설적으로 표현하지 않고 대신 '편하게 느낀다', '불편하게 느낀다'라고 말하는 셈이죠. 그래서 어떤 것이 만족스럽지 않다면 I'm not comfortable with ~라고 말할 수 있고, 정중하게 '~ 괜찮으세요?'라고 물을 때는 Are you comfortable with ~?라고 할 수 있습니다.

이럴 때 쓰세요

- 어떤 것이 싫거나 받아들일 수 없다고 말할 때
- 어떤 것을 괜찮게 생각하냐고 물을 때
- 어떻게 해도 좋겠냐고 물을 때

CONVERSATION

1
A I'm not comfortable talking about this with so many other people around.
B Let's talk over the phone later tonight, then.

A 사람들이 많이 있는데 이런 얘기 하기 좀 그렇네요.
B 그럼 오늘 밤에 전화로 얘기합니다.

2   **A Are you comfortable with** her joining us for the meeting? She's my assistant.
   B Actually, to tell you the truth, I would like to have this meeting just between us.

   A 제 비서가 함께 회의에 참석해도 될까요?
   B 저, 솔직히 우리 둘만 얘기했으면 좋겠는데요.

3   **A** Why don't you buy it on the Internet? It's hassle free.
   B I'm not comfortable using my credit card online.

   A 온라인으로 사지 그래요? 편한데.
   B 온라인으로 신용카드 결제하는 거 별로라서요.

4   **A** This is Cara from First Bank. Please tell me your social security number.
   B I'm sorry. **I'm not comfortable** sharing that information over the phone.

   A 제일 은행의 카라라고 합니다. 주민등록번호 좀 알려 주십시오.
   B 죄송하지만 전화로 주민등록번호를 말씀드리고 싶지 않은데요.

5   **A Would you be comfortable** providing me with more details about your situation?
   B Unfortunately, not at this time.

   A 지금 상황이 어떠신지 좀 더 알려주실 수 있을까요?
   B 죄송한데 지금은 곤란합니다.

1. 이렇게 comfortable 다음에는 ~ing 형을 씁니다. With so many other people around는 '주변에 사람이 많이 있는 채로'라는 뜻이죠. '~한 채로'라는 의미를 표현하기 위해 with를 넣었습니다.
2. 의문형을 써서 상대방이 괜찮게 생각하는지 정중하게 묻고 있습니다.

3. 인터넷 결제가 불편하다는 의미라기보다 '마음에 들지 않는다', '그렇게 하고 싶지 않다'
라는 뜻입니다. hassle free는 '고생을 할 필요가 없다', 즉 그만큼 편리하다는 뜻이죠.
5. 여기서도 comfortable을 의문문에 써서 상대방에게 정중히 부탁하고 있습니다.

 E M A I L

6 **Are you comfortable** talking about this via telephone instead?

대신 전화로 얘기해도 괜찮으신가요?

7 **I'm not comfortable** sending my personal information over email.

개인 정보를 이메일로 보내고 싶지 않습니다.

8 **Are you comfortable** finding your way to the office by yourself, or shall I send a taxi?

사무실까지 혼자 길을 찾아오실 수 있으세요? 아니면 제가 택시를 보내드릴까요?

9 **When you feel comfortable with** the draft version, please let me know. I'll send it to the printers.

초안이 마음에 드시면 알려주세요. 인쇄소로 보내겠습니다.

해설

6.8. 정중한 이메일을 쓸 때 comfortable을 활용해서 상대방의 의향을 묻는 방식이 아주 유용합니다.

9. '초안이 마음에 들면'을 feel comfortable with the draft version이라고 표현했습니다.

PRESENTATION

10 Are there any more questions? **If everyone is comfortable,** I'll continue.

질문있으신가요? 없으시면 계속 하겠습니다.

---

11 **I'm not comfortable** proceeding with the presentation until we close the doors, given the sensitive nature of the upcoming information.

지금부터 다룰 주제의 내용이 좀 민감하니 문을 닫고 프레젠테이션을 진행하는 것이 좋겠습니다.

---

12 I can answer any and all questions as they arise, so **please feel comfortable** asking anything at any time.

어떤 문제에 대해서도 답변 드릴 수 있으니 언제든 편하게 질문해 주세요.

---

10. if everyone's okay 대신 if everyone is comfortable을 써서 표현하고 있습니다.

11. proceed는 어떤 일을 진행한다는 뜻을 지니며, 비즈니스 이메일이나 프레젠테이션에서 유용하게 쓸 수 있는 단어입니다. 예를 들어 '계획대로 진행하십시오'는 Please proceed as planned.라고 표현하면 됩니다. proceed 다음에 with를 붙여서 진행할 내용을 설명하면 되죠. given ~은 '~을 고려해 보건대' 정도의 의미로 이해하면 됩니다.

12. any와 all을 붙여서 any and all의 형태로 '전부'라는 뜻을 강조하는 경우가 많습니다. 특히 계약서에 많이 등장하는 표현이죠.

Please let me know ~

~에 대해 알려주세요

상대방에게 더 구체적인 내용을 알려달라고 할 때 let me know만큼 유용한 표현도 없습니다. 상대에게 말하라고 요청하는 대신 '내가 알게 해달라'라고 정중히 말하는 것이죠. 다음에 if 절이 와서 어떤 내용에 대해 알려달라고 말할 수도 있고, 그냥 '알려주세요'라는 의미로 Please let me know.라고만 할 수도 있습니다. 상대방에게 어떤 사항에 대한 생각을 알려달라고 말할 때 가장 일반적으로 정중하게 쓸 수 있는 표현입니다.

알려달라는 뜻으로 inform이라는 동사를 활용할 수도 있습니다. Please inform me of ~라고 해도 비슷한 의미가 됩니다.

이럴 때 쓰세요

- 대화나 이메일에서 상대방의 생각을 알려달라고 할 때
- 상대방에게 시간을 줄 테니 답을 달라고 말할 때
- 어떤 내용에 대해 구체적인 추가 정보를 요청할 때

CONVERSATION

1   **A Let me know if** tomorrow works for you.
    B I'm not sure now. I'll have to get back to you in a few hours.

    A 내일 시간 괜찮은지 알려주세요.

B 지금은 확실하지 않네요. 몇 시간 후에 알려드릴게요.

2 **A Let me know if** you need anything else.
   B Thank you! You've been very helpful so far.

   A 다른 필요한 거 있으면 알려주세요.
   B 고마워요. 지금까지도 도움이 많이 되었어요.

3 **A** If you have a better idea, **please let me know**.
   B Certainly!

   A 더 좋은 생각이 있으시면 알려주세요.
   B 그럴게요.

4 **A Please let me know if** you need more time.
   B I think I'm going to need an extension.

   A 시간이 더 필요하면 알려주세요.
   B 마감 시한을 연장해 주셔야 할 것 같은데요.

1. 어떤 시간에 약속을 해도 좋냐고 물을 때 이렇게 동사 work를 많이 씁니다. 쉽지만 생각보다 입에서 잘 나오지 않는 표현이죠.
4. 시간을 연장한다고 할 때 동사 extend를 쓸 수 있습니다. 그 명사형이 extension이죠.

5 I have enclosed a final draft. **Please let me know if** there are any changes.

   최종안을 첨부했습니다. 변동 사항이 있으면 알려주십시오.

6   I have scheduled your meeting for Friday at 10am. If you need more time to prepare, **please let me know**.

금요일 미팅을 오전 10시로 정했습니다. 준비할 시간이 더 필요하시면 알려주십시오.

7   **Please let me know if** you have any questions. I look forward to receiving your application.

궁금한 점이 있으시면 알려주세요. 그럼 신청서 기다리겠습니다.

5. enclose는 전자메일이 아니라 우편메일을 쓸 때 동봉한다는 의미로 썼던 단어입니다. 전자메일에서는 첨부한다는 뜻으로 attach라고 하지만 enclose를 쓰기도 합니다.
6. reschedule이 시간을 다시 정한다는 뜻이므로, 그냥 '시간을 ~로 정한다'고 할 때는 schedule이라고 말하면 되죠.
7. 이메일을 마무리하면서 쓸 수 있는 두 가지 유용한 표현이 나왔습니다. 하나가 please let me know이고 다른 하나가 look forward to이죠. look forward to는 패턴 36에서 다루게 됩니다.

PRESENTATION

8   If anything is unclear, please feel free to **let me know**.

불분명한 점이 있으면 언제든 알려주세요.

9   **Please let me know if** you have any questions at any time during my presentation.

제 프레젠테이션 중간에 궁금한 점이 있으시면 알려주세요.

8. let me know 앞에 please feel free to를 붙여 '주저 없이'라는 의미를 추가하고 있습니다.
9. '궁금한 점이 있으면 알려주세요'라는 말을 많이 하게 되는데, let me know를 이용해서 예문과 같이 표현할 수 있습니다.

Please allow me to ~

제가 ~ 하겠습니다

표현의 의미를 해석해보면 '내가 ~하는 것을 허락해 주세요'라는 뜻이지만, 제발 허락해 달라는 뉘앙스로 하는 말은 아닙니다. 상대방의 허락을 구하는 형식을 빌려 '제가 ~하겠습니다'라는 의미를 정중히 전달할 때 쓰는 말이죠.

please allow me to ~보다 더 쉽게 please let me ~로 쓰기도 합니다. 예를 들어 Please let me share some helpful information(도움되는 정보 알려드릴게요).처럼요.

이럴 때 쓰세요

- 내가 어떤 행동을 하려 하는데 그래도 좋겠냐고 상대방에게 물을 때
- 내가 어떤 행동을 하겠다고 상대방에게 정중히 말할 때
- 사람이나 회사를 소개할 때 please allow me to introduce ~의 형태로

CONVERSATION

1
A Did you bring a guest today?
B Yes, **please allow me to** introduce my friend, George.

A 같이 온 손님이 있나요?
B 네. 제 친구 조지를 소개할게요.

2   **A Please allow me to** treat you today.
    B That's very kind of you. Thank you.

    A 오늘 제가 한턱낼게요.
    B 정말 친절하시군요. 감사합니다.

3   **A Please let me** help you with those boxes.
    B Thank you. It's very kind of you.

    A 박스 옮기는데 도와드릴게요.
    B 감사합니다. 정말 친절하시군요.

4   **A Please allow me to** walk you to the bus stop.
    B No, I'll be fine. Thank you, though!

    A 버스 정류장까지 모셔다 드리고 싶은데요.
    B 아뇨 괜찮습니다. 감사해요.

1. allow me to ~는 let me ~보다 더 정중한 느낌을 주므로 너무 오버하지 않고 상황에 맞게 쓰는 요령이 필요합니다. 예문처럼 아는 사람을 소개할 때 쓰는 것은 적절하죠.
2. treat는 '한턱내다'라는 뜻을 지닌 말입니다. 대접을 받게 될 사람을 바로 목적어로 취하는 동사죠.
3. 이렇게 allow me to ~말고 let me ~를 쓸 수 있습니다.
4. walk는 사람인 경우 '바래다주다', 동물인 경우에는 '산책시키다'라는 뜻을 지닙니다.

 EMAIL

5   **Please let me** share some helpful information.

    도움되는 정보 알려드릴게요.

6   **Please allow me to** correct a few things in the last

draft that you sent me.

지난번에 보내주신 초안에서 몇 가지 수정해도 될까요?

7 **Please allow me to** introduce our company and services to you.

저희 회사와 서비스를 소개하겠습니다.

8 **Please allow me to** take this opportunity to thank you for all of your help last week.

지난주에 도와주신 일들에 대해 이번 기회에 감사 말씀 전하고 싶습니다.

9 **Please allow me to** forward this message to my supervisor so she can address your problems.

이 메시지를 저희 상급자께 보내서 문제를 해결하고자 합니다.

8. take this opportunity는 '이번 기회에'라는 뜻을 지닌 표현입니다. 보통 뒤에 to가 나와서 '이번 기회에 ~하고자 합니다'라는 의미를 전달하죠.

9. forward는 동사로 '우편이나 이메일을 전달하다'라는 뜻을 지닙니다. 중간에 나오는 so she can address your problems의 so는 뒤에 문장을 이끌어 '~하기 위해'라는 의미를 표현합니다.

PRESENTATION

10 **Please allow me to** introduce today's speaker.

오늘 발표하실 분을 소개하겠습니다.

11 **Please let me** offer some introductory remarks before we get started.

시작하기 전에 몇 가지 소개의 말씀을 드리겠습니다.

12 **Please allow me to** take a few minutes of your time to introduce our new product line.

잠시 시간을 내 주시면 저희 회사의 새 상품들을 소개해 드리겠습니다.

10. 행사의 사회자가 쓸 법한 표현입니다.
11. before we start라고 하지 않고 before we get started라고 표현했습니다. 이렇게 get started의 형태로 많이 씁니다.
12. 잠시 시간을 내는 것을 표현하는 동사도 take입니다. '바쁜데 시간 내주셔서 감사합니다'라고 할 때 Thank you for taking time out of your busy schedule.이라고 말하죠.

My understanding is ~

저는 ~라고 알고 있습니다

비록 내가 100% 확신을 하더라도, '혹시 내가 틀릴 수도 있지만 나는 이렇게 알고 있다'라고 표현하면 더 좋겠죠. 이럴 때 쓸 수 있는 표현이 My understanding is ~입니다. 내가 알고 있는 바가 틀릴 수도 있다는 뉘앙스를 포함하고 있어, 정중한 느낌을 주죠.

My understanding is ~ 대신에 What I understand is ~, It's my understanding that ~처럼 말해도 됩니다. 역시 '내가 이해하고 있는 바는'이라는 뜻입니다.

이럴 때 쓰세요

- 상대방과 의견 차이가 있을 때 내 생각을 말하기 위해
- '~란 ~이다'처럼 어떤 것에 대해 내 나름의 정의를 내리고자 할 때

CONVERSATION

1
- **A** It's better to immigrate to the United States if you want to live abroad.
- **B** Actually, **it's my understanding that** Canada is a much safer and comfortable place to live.

- **A** 외국에서 살고 싶으면 미국으로 이민 가는 게 더 좋아요.
- **B** 흠. 제가 알기로는 캐나다가 미국보다 더 살기 안전하고 편해요.

2
A How was yesterday's dinner meeting with the ABC company representative?

B My understanding was that we would meet at 6 pm, but he never showed up.

A ABC 측 사람과 어제 저녁 미팅한 것 어땠나요?
B 저녁 6시에 만날 거라고 알고 있었는데 약속장소에 오지 않았어요.

3
A My understanding is that we have to cooperate in order to succeed.

B Yes, but it's hard to cooperate if we're not on a level playing field.

A 성공하려면 협력해야 한다는 게 제 생각입니다.
B 맞습니다. 하지만 서로 동등한 입장이 아니라면 협력하기가 힘들겠죠.

4
A My understanding is that ABC Electronics didn't fulfill its end of the bargain, so that's why we're putting legal proceedings in motion. Am I right?

B Yes. Our legal team is working on it.

A ABC 전자가 약속을 이행하지 않아 우리 회사가 법적 조치를 취한다고 알고 있는데 맞나요?
B 네. 우리 법무팀이 진행 중입니다.

---

1. My understanding is ~ 대신에 It's my understanding that ~으로 표현하고 있죠.
2. show up은 약속한 자리에 나타난다는 뜻을 지닙니다. 약속자리에 나타나지 않았다고 말할 때 부정문으로 많이 쓰죠.
3. 상대방에게 약간은 항의하는 뉘앙스로 '~해야 한다고 알고 있는데 왜 그러지 않느냐'고 말하고 있습니다. level playing field는 '평평한 운동장'이라는 뜻인데요, 경기할 때 어느 한쪽 팀에 유리하도록 운동장이 기울어져 있다면 공정하지 않겠죠. 그래서 '공정한 경쟁'을 일컫는 표현이 됩니다.
4. fulfill은 이렇게 의무를 이행한다고 할 때 유용한 동사입니다. one's end of the bargain은 계약이나 약속의 상대로서 해야 할 일을 말하죠. 계약의 당사자는 둘 이상

이므로 상대쪽(your end)이 거래(bargain)를 위해 해야 할 의무를 your end of the bargain이라고 말합니다. work on은 어떤 일을 진행하고 있거나 노력하는 모습을 표현할 때 유용하죠. 법무팀이 일을 진행 중이므로 Our legal team is working on it.이라고 말했습니다.

 E M A I L

5   **My understanding is that** your company offers a one year warranty on my product.

귀사는 제가 구매한 상품에 대해 1년 무상 서비스를 제공한다고 알고 있는데요.

6   **My understanding is that** you've had some grievances against our company.

저희 회사에 불만스러운 점이 있으시다고 들었습니다만.

7   **What I understood is that** I should simply email a copy of my receipt to you - which I did - but I never received a reply.

영수증 사본을 이메일로 보내기만 하면 된다고 해서 그렇게 했는데 아직 답장을 받지 못했습니다.

 5. after service, AS라고 하지 않고 여기처럼 warranty라고 해야 맞습니다.
 6. grievance는 불만이나 고충을 일컫습니다.
 7. which I did 에서 which는 앞 문장의 내용, 즉 '영수증 사본을 첨부해서 보내다'를 지칭합니다.

PRESENTATION

8   **It's been my understanding that** business hasn't been going well.

사업이 잘 안 되고 있다고 알고 있습니다.

9   **My understanding is that** there has been a lot of confusion about this subject, so I hope today's presentation will clear up any problems.

이 주제에 대해 많은 혼란이 있다고 알고 있습니다. 오늘 프레젠테이션을 계기로 모든 문제들이 해결되었으면 좋겠습니다.

10   **What I understand is that** one of our competitors is going to release a new product ripping off our new product.

제가 알기로 경쟁사가 우리 신제품을 베껴서 새 상품을 내 놓을 예정입니다.

8. 일이 잘 진행되는 것을 표현할 때 go well이라고 할 수 있습니다.
9. 불분명한 점을 분명히 밝힌다고 할 때 clear up이라고 말할 수 있죠. 혹은 clarify라고 할 수도 있습니다.
10. My understanding을 What I understand로 바꿔서 말하고 있습니다.

I'm very interested in ~
~할 의사가 있습니다

be interested in ~은 학창시절에 누구나 배운 쉬운 표현입니다. 어떤 것에 관심이 있다는 말이죠. 하지만 이 패턴은 어떤 것을 좋아하고 어떤 일에 참여하고 싶다는 의사를 말할 때도 유용합니다. 싫은 것을 싫다고 직설적으로 말하지 않는 것뿐 아니라 좋은 것을 좋다고 직설적으로 말하지 않는 것도 정중한 영어를 위한 요령이니까요. 특히 어떤 업무에 지원하는 경우 그 일에 관심이 있다는 뜻을 전달하기 위해 유용한 패턴입니다.

이럴 때 쓰세요

- 어떤 제안을 수락할 때
- 제안에 대해 더 알고 싶을 때 관심을 표현하면서
- 일자리 제안을 받았을 때 그 제안을 수락하면서
- 입사 지원 과정에서 회사에 대한 관심을 표현할 때

CONVERSATION

1
A Can you tell me why you are applying to our company?
B First of all, **I'm very interested in** this industry.

A 저희 회사에 지원하는 이유가 무엇입니까?
B 우선, 제가 이 업계에 관심이 많습니다.

2   **A** **I'm very interested in** learning more about your company's products.

      B In that case, you will need to speak to one of our sales reps.

A 귀사 상품에 대해 좀 더 알고 싶습니다.
B 그러시면 저희 영업사원에게 말씀하시면 됩니다.

---

3   **A** ABC electronics is looking for sales representatives.

      B How long will the position be open? **I'm interested.**

A ABC 전자가 영업 사원을 뽑는답니다.
B 언제까지 지원 가능한가요? 관심이 가는데요.

---

1. 입사면접 때 쓸 법한 표현입니다. 어떤 분야를 좋아하거나 그 분야에 관심이 있다고 할 때 be interested in ~이라고 말하는 것이 좋습니다.
2. sales rep에서 rep은 representative의 준말입니다. 여기서도 I'd like to learn more about your company's products. 대신에 I'm very interested in learning ~이라고 말하고 있죠.
3. 어떤 제안을 받았을 때 내가 해보겠다는 뜻으로 간단히 I'm interested.라고만 말할 수도 있습니다.

 E M A I L

4   **I'm very interested in** learning more about the advertised position.

공고 내신 자리에 대해 더 알고 싶습니다.

---

5   I feel I would be a great fit for your company. **I am interested in** learning more about the position.

제가 귀사에 적합한 사람이라 생각합니다. 그 자리에 대해 상세히 알고 싶습니다.

6   **I'm very interested in** meeting you in person, if you find my resume meets the standards of the position.

제 이력서를 보시고 지원할 자격이 충분하다고 생각하신다면, 직접 뵙고 말씀드리고 싶습니다.

7   At this time, I cannot accept the job offer, but **I'm very interested in** learning about future opportunities with your company.

현재로서는 입사 제안을 수락할 수 없습니다만, 앞으로 귀사에서 일할 기회에 대해 더 알고 싶습니다.

4. 이메일로 상대방에게 어떤 정보를 부탁할 때 이렇게 I'm very interested in learning more ~로 시작하면 됩니다.

5. 여기서도 be interested in learning more라고 말하고 있죠. 문장이 좀 길지만 입사지원 시에 쓸만한 표현이 많이 있습니다. 여기서 fit은 명사로 '적합한 사람'이라는 뜻이죠.

6. 역시 입사지원 메일에 쓸 수 있는 문장입니다. resume는 이력서를 말하며, 스스로 충분한 자격을 갖췄다는 말을 '내 이력서가 자격을 충족시킨다'라고 표현하고 있습니다.

7. 어떤 자리를 제안 받았는데 지금 당장 수락할 수 없을 때 정중히 거절하며 쓸 수 있는 문장입니다.

PRESENTATION

8   **I'm very interested in** hearing what your thoughts are on this matter.

이 문제에 대해 어떻게 생각하시는지 알고 싶습니다.

9 **I'm very interested in** showing you what we're currently working on.

저희가 지금 준비하고 있는 것을 보여드리고 싶습니다.

10 **I'm very interested in** how the public will receive the new product.

시장이 새 상품을 어떻게 받아들일지 궁금합니다.

8. 여기서도 직설적으로 '당신의 생각을 말해 주세요'라고 하지 않고 '당신의 생각을 듣는데 관심이 많습니다'라고 말하고 있습니다.

10. receive는 어떤 상품이나 서비스에 대해 '시장이 받아들이다'라는 뜻입니다. 시장의 반응을 일컫는 말이죠.

EXERCISE 2

Fill in the blank with the most appropriate word.

01 불편을 드려 죄송합니다. 현재 문제를 해결하기 위해 노력하고 있습니다.

I _____ for the inconvenience. We're working on fixing it right now.

02 제 비서가 함께 회의에 참석해도 될까요?

Are you _____ with my secretary joining us for the meeting?

03 내일 시간 괜찮은지 알려주세요.

_____ me know if tomorrow works for you.

04 저희 회사와 서비스를 소개하겠습니다.

Please _____ me to introduce our company and services to you.

05 귀사는 자사 상품에 대해 1년 무상 서비스를 제공한다고 알고 있는데요.

My _____ is that your company offers a one year warranty on my product.

06 공고 내신 자리에 대해 더 알고 싶습니다.

I'm very _____ in learning more about the advertised position.

07 제 프레젠테이션 중간에 궁금한 점이 있으시면 알려주세요.

Please _____ me know if you have any questions during my presentation.

답 1. apologize 2. comfortable 3. Let 4. allow 5. understanding 6. interested 7. let

상대방이 좋아하지 않을 말 앞에 붙이는 패턴들

3

상대방의 기분이 상할 말 앞에 붙는 표현은 근사할수록 좋다!

상대방의 생각이 내 생각과 다를 때, 상대방의 요청을 거절해야 할 때 특히 정중한 표현이 필요합니다. 결국 상대방이 듣기에 그리 유쾌하지 않은 말을 해야 하는 셈인데, 그런 말을 하기 전에 뭔가 근사한 표현을 붙이는 것이 좋죠.

이때 쓰는 말은 우리말이나 영어나 비슷합니다. 일단 상대방의 생각과 나의 생각이 비슷하다고 말하고, 그럼에도 받아들이거나 동의할 수 없는 이유를 얘기해야겠죠. 혹은 상대방의 입장을 이해한다는 취지의 말을 먼저 하기도 합니다.

이번 챕터에서는 상대방의 기분이 상하지 않게 반대와 거절을 표현하기 위해 알아둘 패턴들을 다룹니다.

- Maybe I'm wrong, but ~, I understand that but ~, I totally understand your point, but ~은 모두 상대방과 생각이 다를 때 상대의 기분을 상하지 않게 하기 위해 붙이는 표현들입니다.

- 상대방의 제안이나 부탁을 거절할 때는 일단 관심을 표하고 부득이한 이유로 거절할 수밖에 없다고 말하는 게 좋겠죠. 이 때는 I wish I could, but ~와 같은 표현을 쓸 수 있습니다.

- I regret to inform you that ~은 안 좋은 소식을 전할 때 쓸 수 있는 패턴입니다. 특히 이메일을 쓸 때 유용하죠.

Maybe I'm wrong, but ~

제가 틀렸을 수도 있지만

설령 내가 옳다고 확신하더라도 상대의 기분이 상하지 않도록 하기 위해 이런 말을 붙이는 요령이 필요하겠죠. Maybe I'm wrong, but ~은 좀 구어적인 표현이므로, 아주 정중하게 말해야 할 자리에서는 쓰지 않는 것이 좋습니다.

그 이외에 I may be wrong, Perhaps I'm wrong, I might be incorrect on this 모두 같은 뜻을 지닙니다.

이럴 때 쓰세요

- 어떤 것이 싫거나 이해하기 힘들다고 말하기 전에
- 상대방과 동의하지 않을 때 자신의 생각을 말하기에 앞서

CONVERSATION

1 **A Maybe I'm wrong, but** I think we're going in the opposite direction.
   B I think you're right. I'll take the next u-turn.

   A 잘은 모르지만 우리 반대 방향으로 가고 있는 것 같습니다.
   B 그런 것 같네요. 다음 유턴할 수 있는 데서 돌리겠습니다.

2. **A I may be wrong, but** I believe we agreed to meet next week rather than this weekend.
   B You're right. I'm sorry. I was a bit confused.

   A 제가 잘못 알고 있는 것일 수도 있겠지만, 이번 주말이 아니라 다음 주에 만나기로 한 것 같은데요.
   B 맞네요. 죄송해요. 제가 혼동했습니다.

---

3. **A I might be wrong, but** I think this goes here.
   B Yeah, it looks so. Thank you!

   A 잘 모르겠지만 이건 여기에 맞는 것 같은데요.
   B 아, 그런 것 같군요. 고맙습니다.

---

1. '유턴을 하다'를 take a u-turn이라고 말합니다. 다음 번 유턴할 수 있는 곳에서 하겠다는 뜻이므로 next u-turn이라고 했죠.
2. I may be wrong, but ~ 혹은 I might be wrong, but ~이라고 할 수 있습니다. 조동사의 과거형을 썼을 때 더 정중한 느낌이 생기므로 might를 쓰기도 하죠.

✉ EMAIL

4. **Maybe I'm wrong, but** I think this would be best discussed in person instead of over email.

   잘은 모르겠습니다만, 이 주제는 이메일보다는 직접 만나서 말씀드리는 것이 좋겠습니다.

---

5. **Maybe I'm wrong, but** I think you forgot to include the attachment in your previous email.

   제 잘못인지는 모르겠지만 먼저 보내신 메일에 파일 첨부를 하지 않으신 것 같네요.

4. 상대방의 의견에 거스를 수도 있는 새로운 제안을 하기 위해 maybe I'm wrong으로 문장을 시작하고 있습니다.
5. 상대방이 잘못한 내용을 말하기 전에 '혹 내 실수일 수도 있다'는 의미로 maybe I'm wrong을 붙였습니다.

 PRESENTATION

6 **Maybe I'm wrong, but** I think we need to concentrate on our marketing during the next quarter.

제 생각입니다만, 다음 분기에는 마케팅에 집중해야 할 것 같습니다.

7 **Perhaps I'm mistaken, but** I believe that concern isn't relevant to my proposal.

제 생각이 틀릴 수도 있겠지만, 제 제안과 관련해서는 그런 걱정을 하실 필요가 없을 것 같습니다.

6. 자신의 생각을 말하기 전에 Maybe I'm wrong, but ~을 붙여 겸손한 느낌을 표현하고 있습니다.
7. wrong 대신에 '실수를 한', '잘못 알고 있는'이라는 뜻을 지닌 mistaken을 쓰고 있습니다.

I wish I could, but ~

14

그럴 수 있으면 좋겠습니다만

제안을 거절하거나 생각에 반대할 때는 상대방의 기분이 상하지 않도록 해야겠죠. 그래서 뭔가 완충 역할을 할 수 있는 말을 덧붙이게 됩니다. 여기 나오는 I wish I could, but ~가 좋은 예죠. '저도 그렇게 하고 싶지만'이라는 말을 먼저 한 후, 그렇게 하지 못하는 이유를 뒤에 설명해야 정중한 거절, 정중한 반대가 되겠죠.

이럴 때 쓰세요

- 사정상 불가능하다고 말할 때
- 상대의 제안을 정중하게 거절할 때
- 상대방과 뭔가를 같이 할 수 없다고 말할 때

CONVERSATION

1 **A I wish I could** join, but I have to visit my in-laws this weekend.
   B Alright. Next time, then!

   A 같이 참여하고 싶은데 이번 주말에는 시댁에 가 봐야 해요.
   B 괜찮습니다. 그럼 다음 번에 함께 해요.

2 **A I wish I could** meet you for dinner tomorrow, but I have another appointment at the same time.

B I understand. Let's try to schedule dinner together next week, then.

A 내일 저녁 함께 했으면 좋겠는데, 선약이 있어요.
B 괜찮아요. 그럼 다음 주에 저녁 같이 하죠.

3 **A** Would you be able to deposit this money at the bank before it closes at 4 pm?

B **I wish I could, but** I need to stop at the grocery store on the way home.

A 4시에 은행 문 닫기 전에 이 돈을 입금해 주시겠어요?
B 저도 그러고 싶은데, 집에 가는 길에 장을 봐야 해요.

1. 시댁식구나 처가식구를 표현할 때 son-in-law처럼 in-law를 붙이는데, 식구 전체를 얘기할 때는 in-laws라고 하면 됩니다.
2. appointment가 의사와의 약속처럼 거창한 약속만을 의미하지는 않습니다. 친구와의 점심약속, 저녁약속도 얼마든지 appointment라고 할 수 있습니다.
3. 예금을 맡기는 것은 deposit, 인출하는 것은 withdraw라고 표현합니다.

4 **I wish I could, but** it's out of my hands.

그렇게 하고 싶습니다만, 제 권한 밖입니다.

5 **I wish I could** show you around the offices, but our company policy doesn't permit me to do so.

사무실을 보여드리고 싶은데, 저희 회사 정책상 그렇게 할 수가 없습니다.

6 **I wish I could** help you further, but I will have to pass

your situation on to my manager for further action.

제가 더 도와드리고 싶지만, 저희 매니저께 추가 조치를 부탁해야 할 것 같습니다.

4. out of one's hands는 '손'이 아니라 '권한'을 벗어났다는 뜻입니다. 권한 밖이라 어쩔 수 없다고 말할 때 쓸 수 있는 표현이죠. out of one's authority라고 해도 좋습니다.
5. 개인의 권한을 넘어서는 일이라 처리 불가능하다고 말할 때 활용할 만한 문장입니다.
6. 일을 다른 사람에게 넘기는 것을 pass로 표현하고 있습니다.

 PRESENTATION

7 **I wish I could** go into more detail, but I don't believe there's enough time.

좀 더 자세히 말씀드리고 싶은데, 시간이 충분치 않군요.

8 **I wish I could** answer that question, but I'm not in a position to do so.

답변드리고 싶지만 제가 그럴 위치가 아니거든요.

9 **I wish I could** show you every single thing our organization has achieved so far, but we don't have enough time.

저희 회사의 성과에 대해 하나하나 말씀드리고 싶습니다만, 시간이 충분치 않네요.

7. 시간이 충분하지 않다는 말을 여러 가지로 표현할 수 있습니다. '시간 제한 때문에'라고 하려면 due to time constraints처럼 말하면 되고, '시간이 부족해서'는 as we are pressed for time처럼 시간의 압박을 받는다고 말할 수 있습니다.
8. 자신의 권한 밖임을 표현할 때 '그렇게 할 입장이 아니다'라는 뜻에서 not in the position to do so라고 말할 수 있습니다.
9. '하나하나 세세히'라고 할 때 every와 single을 같이 말하는 경우가 많습니다.

I understand ... but ~

…이 이해는 갑니다만 ~입니다

상대방과 생각이 다르거나 상대의 부탁을 그대로 들어줄 수 없을 때 '~라는 점이 이해는 가지만 그러나 ~하다'라고 말하는 게 좋겠죠. 그 때 쓸 수 있는 패턴입니다. 또는 상대방이 들어주기 힘들다는 것은 알지만 예외적인 부탁을 할 때 쓸 수 있죠.

이럴 때 쓰세요

- 상대방과 생각이 다를 때 자기 생각을 표현하기에 앞서
- 특별한 부탁을 하기 위해
- 예외적인 처분이나 처리를 부탁할 때

CONVERSATION

1
A **I understand that** you're upset, **but** we need to think this through.
B I know. But I'm not in the mood to talk right now.

  A 화가 난 건 알겠는데, 그래도 이 문제는 생각해야 해요.
  B 알아요. 하지만 지금은 말할 기분이 아니에요.

2
A Nothing seems to be working for us now. I'm disappointed.
B **I understand that** this project hasn't lived up to

your expectations, **but** we need make a decision.

A 하나도 되는 일이 없는 것 같아요. 너무 실망이에요.
B 이번 프로젝트가 기대에 미치지 못한 것은 알겠습니다만, 그래도 결정을 내려야죠.

3 **A I understand that** the luggage weight limit is 20kg, **but** could you make an exception for me?
   B Since you're a gold star member, we can offer you a discounted overweight luggage fee.

A 수하물 제한이 20kg이라는 건 알겠는데, 예외로 처리해 주실 수 없을까요?
B 골드 스타 멤버이시니 추가 요금을 할인해 드릴 수는 있어요.

1. think something through는 어떤 것을 자세히 생각해 본다는 뜻입니다. mood가 기분을 뜻하므로 be in the mood to ~는 '~할 기분이다'라는 뜻이 되죠.
2. not live up to one's expectations는 기대에 미치지 못한다는 뜻입니다. live가 들어 있지만 '살다'라는 의미와는 관련이 없습니다.
3. 예외적인 처리를 부탁하기 위해 I understand that the luggage weight limit is 20kg.라는 말을 먼저 붙여 정중하게 표현하고 있습니다. overweight luggage fee는 중량 초과 수수료를 말하죠.

EMAIL

4 **I understand that** you are looking for someone with more experience, **but** I assure you that I am more than capable of what this position requires.

좀 더 경험이 있는 지원자를 찾고 계시다는 것은 알지만, 제가 이 자리에 맞는 충분한 능력을 지니고 있다고 확실히 말씀드리고자 합니다.

5   **I understand that** you are not completely satisfied with your purchase, **but** our company doesn't offer any refunds. We can offer you in-store credit.

구입하신 물건에 대해 전적으로 만족하지 못하시는 건 이해합니다만, 저희 회사는 환불을 해드리지 않습니다. 매장 내의 다른 상품과 교환해 드릴 수는 있습니다.

6   **I understand that** a conflict has suddenly come up in your schedule, **but** you agreed to this meeting months in advance.

갑자기 다른 일정과 겹치게 된 건 알겠지만, 이 회의를 하기로 몇 달 전에 이미 동의하지 않으셨습니까?

4. 입사 지원 메일에 쓸 수 있는 문장입니다. 경험이 부족하지만 잘 할 수 있으니 예외적인 처분을 해달라고 부탁하고 있죠. '~라고 장담할 수 있습니다'라는 뜻으로 I assure you ~라는 표현을 쓰고 있습니다.

5. 환불은 해주지 않고 같은 상점 내의 다른 상품으로 교환할 수 있는 권리를 주는 경우가 있는데, 그 권리를 in-store credit이라고 합니다.

6. 상대방이 중요한 약속을 갑자기 취소하거나 변경하려 한다면 예문처럼 말할 수 있습니다. conflict는 갈등이라는 뜻을 지니지만 스케줄이 겹치는 것을 표현하기도 합니다. 미리 어떤 것을 정한다고 할 때 in advance라는 말을 씁니다. 예를 들어 상대방이 내 부탁을 아직 들어주지는 않았지만 미리 감사드린다고 할 때 Thank you in advance.라고 하죠.

PRESENTATION

7   **I understand** you wish to hear some good news, **but** unfortunately all I have is the hard truth.

좋은 소식을 듣고 싶으시겠지만, 불행히도 제가 드릴 말씀은 냉엄한 현실뿐입니다.

8 **I understand that** the market looks so saturated, **but** our products are going to open entirely new markets.

시장이 포화된 것처럼 보이겠지만, 우리 상품은 전혀 새로운 시장을 개척할 것입니다.

---

7. hard는 단단하다는 뜻을 지닌 형용사지만 reality, fact, truth 앞에 붙이면 우리말로 '엄연한', '냉정한' 정도 뜻을 지닙니다. '냉정한 현실'을 표현하기에 좋은 형용사죠.

8. saturate는 시장의 포화를 표현할 때 많이 등장하는 단어입니다.

I (totally) understand your point, but ~

무슨 말씀인지는 알겠습니다만 ~입니다

16

상대방의 입장이 이해는 가지만 동의하거나 따를 수 없을 때 쓸 수 있는 패턴입니다. 여기서 point는 입장이나 생각을 말합니다. 상대방의 입장을 충분히 알고 있고 고려하고 있다는 뜻으로 하는 말이지만 사실 이 표현은 상대방의 생각에 동의하지 않을 때 쓰게 됩니다. 만일 상대방이 I (totally) understand your point, but ~으로 문장을 시작한다면, 결국 내 말에 동의하지 않는다고 이해하면 될 겁니다.

전적으로 이해한다는 의미로 totally를 썼는데, 비슷한 의미를 지닌 다른 단어를 넣어도 됩니다. 예를 들어 I completely understand your point, but ~처럼 말해도 되죠.

이럴 때 쓰세요

- 나와 생각이 다른 상대방을 설득해야 할 때
- 상대방의 기분이 상하지 않도록 하면서 내 생각을 말해야 할 때
- 상대방의 부탁을 들어주기 힘들다고 말할 때

CONVERSATION

1 **A** That is why I think that section A of the proposal needs to be changed.

B **I totally understand your point, but** I politely disagree.

A 그런 이유로 이 제안서의 A섹션이 수정되어야 한다고 생각합니다.
B 무슨 말씀인지 알겠습니다만, 저는 동의하기가 힘드네요.

2   **A** We have almost reached the deadline, so shouldn't we submit our budget proposal as is?

B **I completely understand your point, but** I think there are still some problems.

A 마감 시한이 다 되었는데, 예산안을 그대로 제출해야 하지 않을까요?
B 무슨 말씀이신지는 알겠습니다만, 몇 가지 문제가 있어요.

3   **A** Our department is very understaffed now. Would it be possible to tentatively transfer in someone from another team?

B **I understand your point, but** other departments are pretty understaffed now, too.

A 저희 부서가 일손이 많이 모자라요. 다른 팀에서 임시로 사람을 보내 주면 안될까요?
B 어떤 입장인지 이해가 갑니다만 다른 부서들도 지금 인원이 모자라요.

4   **A** **I really understand your point, but** you need to talk to the manager instead of me. I don't have any power to help you.

B Well, can you help me get in touch with the manager then?

A 어떤 입장이신지 전적으로 이해합니다만, 저 말고 매니저와 상의하셔야 합니다. 저는 도와드릴 권한이 없습니다.
B 그럼 매니저와 얘기할 수 있도록 해주시겠어요?

1. 회사에서 공동으로 문서작업을 할 때 쓸 법한 문장들입니다. 같이 일하는 사람과 생각이 다를 경우 우선 I totally understand your point라는 말을 붙이면 대화가 더 매끄럽겠죠.
2. 문장 끝의 as is는 '있는 그대로'라는 뜻입니다.
3. 임시적인 것을 표현할 때 유용한 단어가 tentative입니다. 부서이동을 표현할 때는 transfer라는 말을 쓰죠.
4. totally 대신 전적으로 이해하고 있다는 의미를 전달하는 적당한 다른 단어를 넣어도 됩니다.

5 **I completely understand your point, but** our company policy only allows my supervisor to handle the accounts.

무슨 말씀이신지는 알겠습니다만, 저희 회사 방침상 저희 상사만 계좌와 관련된 업무를 할 수 있습니다.

6 **I understand your point, but** I would prefer an advance notice in the future.

귀하의 입장은 이해합니다만, 다음 번에는 미리 알려주시면 좋겠습니다.

7 **I understand your point, but** that would conflict with our company's policy.

무슨 말씀이신지는 알겠습니다만, 그렇게 하면 저희 회사 방침에 맞지 않습니다.

5. 여기서도 totally 대신 completely처럼 같은 의미를 지닌 단어를 썼습니다.
6. 앞서 in advance가 '미리', '앞서'라는 뜻을 지닌다고 설명했는데, advance를 형용사처럼 써서 advance notice라고 하면 '미리 알려주는 것', '미리 통보하는 것'을 뜻합니다.

PRESENTATION

8 **I completely understand your point, but** I'll have to address that issue in a future presentation.

무슨 말씀이신지는 알겠습니다만, 이 문제는 차후에 프레젠테이션에서 다뤄야겠습니다.

9 **I totally understand your point, but** such information goes beyond the scope of my presentation.

무슨 말씀이신지는 알겠습니다만, 그와 같은 내용은 제 프레젠테이션의 범위를 벗어납니다.

8. 어떤 문제를 다룬다고 할 때 deal with, tackle과 같은 표현을 써도 되지만 예문처럼 address라는 단어로 표현할 수도 있습니다.

9. 범위를 벗어난다는 말은 영어로도 우리말과 똑같이 go beyond the scope of ~라고 하면 됩니다. scope가 '범위'이고 go beyond는 '넘어서다'라는 뜻을 지니죠.

I regret to inform you that ~

유감스럽게도 ~하게 되었습니다

regret은 후회한다는 뜻을 지니지만 I regret to tell you ~처럼 말하면 '~라서 유감이다'라는 말이 됩니다. 주로 안 좋은 내용을 전달해야 할 때 쓰는 표현이죠. inform은 '정보를 주다'라는 뜻인데, 어떤 내용을 알려준다는 말을 할 때도 얼마든지 쓸 수 있는 단어입니다.

일반적으로 I'd like to inform you ~처럼 말할 수 있고, 안 좋은 소식을 전하는 경우라면 I regret to inform you that ~처럼 '유감'을 뜻하는 regret을 붙여 말하면 되죠.

이럴 때 쓰세요

- 상대방에게 안 좋은 소식을 알려야 할 때
- 특히 기업의 인사 담당자가 지원자에게 채용하지 않겠다는 뜻을 전할 때
- 상대방의 제안을 정중하게 거절할 때

CONVERSATION

1 **A** **I'd like to inform you that** we've chosen you for the job position.
B Thank you very much. I promise to do my best.

A 귀하가 그 자리에 채용되셨음을 알려드립니다.
B 감사합니다. 최선을 다하겠습니다.

2 **A I'd like to inform you that** you qualify for the loan.
B That's quite a relief. Thank you.

A 대출 받을 자격이 되신다는 점을 알려드립니다.
B 정말 다행이네요. 감사합니다.

1, 2. 대화보다는 이메일에 많이 쓰는 패턴이지만 격식을 차린 대화에서라면 활용 가능합니다.

EMAIL

3 **I'd like to inform you that** your application has been received and is undergoing review at this time.

지원서가 잘 도착하였고 현재 심사 과정에 있다는 점을 알려드리겠습니다.

4 **I'd like to inform you that** you are the winner of a new car, courtesy of Ford.

포드사의 협찬으로 제공되는 최신 승용차를 경품으로 받게 되셨음을 알려드립니다.

5 **I'd like to inform you that** your refund will be processed shortly.

환불이 곧 처리될 것임을 알려드립니다.

6 **I regret to inform you that** your application has been denied.

귀하의 지원이 받아들여지지 않았음을 알려드리게 되어 유감입니다.

7 **I regret to inform you that** the general manager has recently passed away.

저희 부장님께서 사망하셨음을 알려드려 유감입니다.

3. I'd like to inform you that ~은 이처럼 이메일에서 '어떤 내용을 알려드립니다'라고 할 때 가장 기본적으로 쓸 수 있는 패턴입니다.

4. courtesy는 '공손함'이라는 뜻을 지니지만 기업이나 개인의 후원에 의해 무료로 제공되는 서비스를 표현하는 단어이기도 합니다. 여기 나오는 courtesy of Ford는 '포드 사 제공으로' 정도 의미입니다. 어떤 가수의 음반에 다른 가수가 참여하여 도움을 주는 경우 피처링이라는 말을 많이 쓰는데 courtesy라고 말하기도 합니다. courtesy appearance가 타인의 음악이나 영화에 무료로 참여해 주는 것, 우정출연을 의미하죠.

6. 채용하지 않겠다는 안 좋은 뉴스를 전달하는 것이므로 I regret to inform you ~라는 패턴을 활용하고 있죠.

7. 누군가가 사망했다고 할 때 우리말 '돌아가시다'처럼 pass away라고 표현합니다. 그리고 안 좋은 소식일수록 예문처럼 짧게 표현하는 것이 중요합니다.

PRESENTATION

8 **I'd like to inform you about** our newest coupon program.

저희 최신 쿠폰 프로그램에 대해 소개해 드리겠습니다.

9 **I'd like to inform you of** some recent updates to this issue.

이 문제에 대해 최신 정보를 알려드리고자 합니다.

10 **I regret to inform you that** our losses have risen this past quarter.

유감스럽게도 지난 분기에 손실이 증가했습니다.

11 **I regret to inform you that** our company will be restructuring in the months ahead, causing some layoffs.

몇 달 후 구조조정으로 인해 해고가 발생할 것임을 알려드리게 되어 유감입니다.

12 **I'd like to inform you of** some policy changes we've recently made and then hear your thoughts or suggestions about them.

최근 변경된 저희 방침에 대해 알려드리고 이어서 여러분의 생각이나 제안을 듣고자 합니다.

9. inform you 다음에 알려주는 내용을 말할 경우에는 전치사 about이나 of를 써서 표현합니다.

11. layoff는 정리해고를 말합니다.

12. '여러분의 의견을 듣겠다'는 말을 hear your thoughts or suggestions라고 표현하고 있습니다.

EXERCISE 3

Fill in the blank with the most appropriate word.

01 제가 잘못 알고 있는 것일 수도 있겠지만, 다음 주에 만나기로 한 것 같은데요.

I might be _____, but I believe we agreed to meet next week.

02 그렇게 하고 싶습니다만, 제 권한 밖입니다.

I wish I _____, but it's out of my hands.

03 좀 더 경험이 있는 지원자를 찾고 계시다는 것은 알지만, 제가 이 자리에 맞는 충분한 능력을 지니고 있다고 말씀드리고자 합니다.

I _____ that you are looking for someone with more experience, but I assure you that I am more than capable of what this position requires.

04 무슨 말씀이신지는 알겠습니다만, 몇 가지 문제가 있어요.

I completely understand your _____, but I think there are still some problems.

05 귀하의 지원이 받아들여지지 않았음을 알려드리게 되어 유감입니다.

I _____ to inform you that your application has been denied.

06 귀하가 그 자리에 채용되셨음을 알려드립니다.

I'd like to _____ you that we've chosen you for the job position.

답 1. wrong 2. could 3. understand 4. point 5. regret 6. inform

부탁할 때 쓰는 패턴들

4

부탁할 때는
말이 길어진다!

우리말이든 영어든 아쉬운 얘기를 할 때는 말이 길어지게 마련입니다. 진짜 하고 싶은 말을 하기 전에 붙이는 말들도 많아지구요. 우리말도 '~해 줘요'보다 '~하는 게 혹시 가능할까요'라고 하면 더 정중한 표현이 되잖아요.

영어도 마찬가지입니다. 앞서 든 우리말 예와 같이 서술어 부분을 길게 늘여 정중함을 표현하죠. 예를 들어 Let's go to the party together.라고 하지 않고 I was wondering if you could go to the party together with me.라고 말하면 더 정중한 표현이 됩니다.

이번 챕터에서는 이렇게 서술어 부분을 늘여서 정중한 부탁과 요청의 뉘앙스를 전달하는 패턴을 익혀 봅니다.

- 부탁할 때 가장 일반적으로 쓸 수 있는 정중한 표현이 I was wondering if ~와 Is there any way ~?입니다.

- '혹 가능하다면 ~해 달라'라고 말하려면 If you have time ~, If you don't mind ~와 같은 말을 쓰면 되겠죠.

- '~하면 감사하겠다'는 말로 부탁을 하는 경우도 많은데요, ~ will be really appreciated, I'd appreciate it if ~와 같이 감사를 표현할 때 쓰는 appreciate를 활용하면 됩니다.

- 그 외에 Would you mind ~?, Would it be possible to ~? 등도 모두 부탁의 말을 전할 때 유용한 표현들입니다.

I was wondering if ~

혹시 ~할 수 있을까요

18

부탁을 할 때 가장 일반적으로 쓸 수 있는 정중한 표현입니다. 직역을 해보면 '~할 수 있을지 궁금해하고 있었다'는 뜻이지만 의미상 '~을 해 주시지 않을래요?'라는 말입니다. 이 패턴은 was wondering처럼 과거 진행형으로 쓰는 것이 핵심입니다. 그렇게 써야 정중한 뉘앙스가 충분히 표현되죠. 그냥 I wonder if 라고만 하면 '~이 궁금하다' 혹은 '~에 대해 확신이 서지 않는다'는 의미이니 쓰임에 주의해야 합니다.

이럴 때 쓰세요

- 상대방에게 어떤 것을 해줄 수 있냐고 부탁할 때
- 같이 어떤 일이나 활동을 하자고 제안할 때
- 약속을 잡기 위해 시간이 괜찮은지 물어볼 때

CONVERSATION

1
   A **I was wondering if** you would like to have dinner after the meeting.
   B That sounds good. Thank you.

   A 회의 끝나고 저녁 같이 할 생각 있으세요?
   B 좋습니다. 감사해요.

2　**A I was wondering.** Is there any way I can take this Friday off?

　B Possibly. May I ask why?

A 저 혹시 금요일에 휴가 내도 될까요?
B 가능할 것 같은데요. 무슨 일인지 물어봐도 될까요?

3　**A** Hello. **I was wondering if** Sarah was in today. I would like to speak with her.

　B I'll transfer you. Can I ask who's calling?

A 혹시 새라가 오늘 출근했나요? 통화하고 싶은데요.
B 연결해 드릴게요. 누구신지 여쭤봐도 될까요?

4　**A I was wondering if** you could put me in touch with your public relations officer.

　B Yes, I'll connect you now.

A PR 담당자와 통화 좀 할 수 있을까요?
B 네, 연결해 드리겠습니다.

---

1. I was wondering ~을 활용한 가장 전형적인 예문입니다. 이성 친구에게 데이트 신청을 할 때도 이 표현을 쓸 수 있죠.

2. I was wondering 다음에 하고 싶은 얘기를 붙여 긴 문장을 만들어도 되지만 이렇게 I was wondering만 끊어서 말하는 경우도 있습니다.

3. 전화해서 어떤 사람을 찾을 때 '누구 있나요'라는 말을 이렇게 in이라는 단어 하나로 표현할 수 있습니다. transfer는 우리말로 '전화를 돌려 드리겠다'는 뜻입니다.

4. I was wondering도 중요하지만 다음에 나오는 if 절 안의 동사 시제도 중요합니다. 여기처럼 if 절 안의 조동사는 과거형을 쓰는 경우가 많습니다.

EMAIL

5 **I was wondering if** there would be any special circumstances where you would consider an applicant without a master's degree.

석사 학위가 없는 지원자도 채용 대상으로 고려하는 특별한 경우가 있는지 궁금합니다.

6 **I was wondering if** it would be possible for you to lower the rate, considering we've been working together for some time now.

거래한지가 꽤 되었는데, 가격을 낮출 수 있을까요?

7 Even though there is a 12-hour difference between our offices, **I was wondering if** there is still a possibility of discussing this matter over the phone.

양쪽 사이에 12시간 시차가 있기는 합니다만, 전화로 이 문제를 논의할 수 있을까요?

5. 정해진 조건을 만족시키지 못하더라도 채용될 수 있는지 물어보는 문장입니다. circumstance는 어떤 상황을 말하는데, 어떤 상황인지 구체적으로 설명하기 위해 뒤에 where를 붙이고 이어서 내용을 적었습니다. circumstance 대신 situation도 비슷한 형태로 쓸 수 있습니다. 예를 들어 '~해 본 적이 있었나요?'라고 말할 때 Have you ever been in a situation where ~?처럼 표현하면 됩니다.

6. rate는 비율이라는 뜻을 지니지만 우리말로 따지면 '요율', 즉 가격을 설명하기도 하는 단어입니다. lower the rate는 요율을 낮춰 달라, 즉 가격을 깎아 달라는 말이죠.

 **PRESENTATION**

8 **I was wondering if** someone could turn off the lights.

누가 조명 좀 꺼주시겠습니까?

9 Due to time constraints, **I was wondering if** we skip to the end.

시간이 부족하니 제일 마지막으로 건너 뛰어도 될까요?

8. 프레젠테이션의 진행에 관해 부탁할 내용이 있으면 I was wondering ~을 활용하여 표현할 수 있습니다.

9. time constraints는 시간 제한을 말합니다. '시간이 부족하니'라는 말을 due to time constraints 처럼 표현할 수 있습니다.

Is there any way ~ ?

19

혹시 ~할 수 있을까요

way는 길을 의미하지만 어떤 일을 할 수 있는 방법이나 가능성을 뜻하기도 합니다. 우리말로 '~할 길이 있다'라고 말하는 것과 비슷하죠. 영어에서 Is there any way ~는 '~할 수 있을까요'에 해당하는 정중한 표현입니다.

조동사의 과거형을 쓰면 더 정중한 느낌을 주므로, Would there be any way ~?라고 표현할 수도 있습니다.

이럴 때 쓰세요

- 미안한 마음으로 어떤 부탁을 할 때
- 상대방이 싫어하거나 어려워 할 것 같은 부탁을 할 때

CONVERSATION

1
A **Is there any way** we can push back our appointment?
B Yes. When you do want to have the meeting?

A 약속을 미룰 수 있을까요?
B 네. 언제면 좋겠어요?

2
A **Is there any way** we can have our appointment earlier?

B Sure. Would you be able to meet at 10am?

A 약속을 좀 당길 수 있을까요?
B 괜찮아요. 10시 어떠세요?

---

3   **A Is there any way** you can give me a discount?
    B I'm sorry. Per company policy, I can't mark down prices.

A 할인을 해 주실 수 있나요?
B 죄송합니다. 회사 정책에 따라 가격을 낮춰드릴 수 없습니다.

---

4   **A Is there any way** we can come to a compromise?
    B Let me think on it and get back to you tomorrow.

A 타협할 수 있는 길은 없나요?
B 좀 더 생각해 보고 내일 연락드리죠.

---

5   **A Would there be any way** for us to reschedule our meeting?
    B Yes, but we might have to wait until next week.

A 회의 시간을 다시 잡을 수 있을까요?
B 네. 그런데 다음 주나 되어야 할 것 같군요.

---

1. 약속을 미룬다고 할 때 물리적으로 미는 것처럼 push라는 동사로 표현할 수 있습니다. 스케줄을 다시 잡는 것이니 한 단어로 reschedule이라고 해도 좋죠.
2. 반대로 약속을 당기는 경우라면 have the appointment earlier처럼 말할 수 있습니다.
3. 가격을 낮춘다고 할 때 mark down이라는 표현을 쓰기도 합니다. 상품에 표시 (mark)해 놓은 가격을 낮추는 것이니 mark down이라고 할 수 있죠.
4. compromise는 '타협'이라는 뜻인데, '타협하다'를 타협에 다다르다(come to a compromise)라고 표현했습니다. 중간에서 만난다는 뜻인 meet halfway도 타협한다는 뜻으로 쓰입니다.
5. 이렇게 시간 약속을 다시 정하는 경우 일반적으로 쓸 수 있는 단어가 reschedule입니다.

EMAIL

6 **Would there be any way** to CC future correspondences to my assistant?

앞으로 메일 보낼 때는 제 비서를 참조에 넣어 주실 수 있나요?

7 **Is there any way** we could discuss this over the phone instead of email?

메일 대신 전화로 이 문제를 논의할 수 있을까요?

8 **Would there be any way** we can receive a discount on this bulk order?

이렇게 대량주문을 하면 할인을 받을 수 있나요?

9 **Is there any way** you could resend the file in a different format?

파일을 다른 포맷으로 다시 보내주실 수 있을까요?

10 **Will there be any way** to reach you while you're away on vacation?

휴가 중에도 연락드릴 수 있는 방법이 있을까요?

 6. is there any way 대신 would there be any way처럼 조동사의 과거형을 써서 표현하면 더 정중한 느낌을 줍니다. 여기 나오는 cc는 carbon copy의 준말인데요, 우편 메일을 쓰던 시절로부터 유래한 말입니다. 현재는 이메일을 쓸 때 참조에 넣어 같이 수신할 수 있도록 한다는 뜻으로 쓰이죠. cc를 하나의 단어로 생각합니다. correspondence는 메일을 주고받는 것을 말하죠.

8. bulk order는 대량 주문을 말합니다. 대량 주문 시에 할인 가능하냐는 말을 하려면 예문처럼 말하면 되죠.

10. 어떤 사람과 연락이 닿는 것을 reach라고 표현하죠. contact라는 동사도 많이 씁니다.

PRESENTATION

11 **Is there any way** we could have the air conditioning turned on?

에어컨을 좀 켤 수 있을까요?

12 **Would there be any way** to fill the seats in the front to accommodate late-comers?

늦게 오시는 분들을 위해 앞자리부터 앉아주시겠습니까?

11. have the air conditioning turned on은 소위 5형식 구문입니다. '당신이 에어컨을 켜라'라고 말하지 않고 '에어컨을 켜진 상대로 두다'라고 말하는 것이 상대방에게 명령조로 들리지 않고 더 정중한 느낌을 주겠죠.

12. accommodate도 우리말로 다양하게 번역되는 단어입니다. 보통 '수용하다' 정도로 이해하면 되는데요, 예문은 늦게 오는 사람을 다 수용할 수 있도록 앞자리부터 채워달라는 말입니다.

If you don't mind ~

괜찮으시다면

20

mind는 '꺼리다'라는 뜻이죠. 그래서 상대방이 Would you mind ~?로 질문할 경우 괜찮다고 답하려면 '꺼리지 않는다', 즉 부정형으로 말해야 합니다. 한국어가 모국어인 우리들에게는 헷갈리기 쉬운 구문이죠. 그와 달리 if you don't mind 는 '괜찮으시다면' 정도의 의미만 지닌 표현이므로 헷갈리지 않고 쓸 수 있습니다.

이럴 때 쓰세요

- 상대방에게 부탁할 때 덧붙이는 말로
- 자신이 하려는 어떤 일에 대해 상대방의 허락을 얻고자 할 때

CONVERSATION

1
A If you don't mind, may I sit next to you?
B Sure, this seat isn't taken.

  A 죄송하지만 옆자리에 좀 앉아도 될까요?
  B 네. 비어 있는 자리입니다.

2
A If you don't mind, I need to use the restroom before we continue our conversation.
B Of course!

  A 괜찮으시면 대화를 계속하기 전에 화장실에 좀 다녀오겠습니다.

B 다녀 오세요.

3 **A If you don't mind**, can we step outside for some fresh air?

B That suits me, too.

A 괜찮으시면 잠시 나가서 신선한 공기 좀 쐬고 올까요?

B 저도 좋습니다.

1. 자리에 임자가 있다고 할 때 take를 써서 쉽게 표현할 수 있습니다. '이 자리 비었나요?'라고 물을 때 임자가 있냐는 의미로 Is this seat taken?이라고 말하면 되죠.
2. '원하는 대로 하세요'라는 뜻으로 Of course.라고 했습니다. Go ahead.라고 말하는 경우도 많죠.
3. suit는 '양복 한 벌'을 의미하지만 동사로 잘 어울린다는 뜻도 지닙니다. Whatever suits you the best, that's your way.라고 하면 '무엇이든 네게 잘 맞으면 그게 맞는 방식이다'라는 뜻이 되죠.

4 I would like to get your opinion on this matter, **if you don't mind**.

괜찮으시다면 이 문제에 대해 귀하의 의견을 듣고 싶습니다.

5 **If you don't mind**, could you look over these documents and proofread them?

괜찮으시면 이 문서 검토하고 감수 좀 해 주실 수 있을까요?

6 I'll be away from the office for the rest of the week. **If you don't mind**, I'll reply to your future email next Monday.

제가 이번 주에 자리를 비웁니다. 괜찮으시다면 앞으로 보내시는 메일에 대해서는 다음 주 월요일에 답신하겠습니다.

---

4. 이렇게 하고 싶은 말을 먼저 하고 이어서 if you don't mind를 붙여 정중함을 전달할 수도 있습니다.
5. 문서를 읽고 감수하는 것을 proofread라고 말하죠.
6. '잠시 자리를 비운다', '이번 주에 자리를 비운다' 이런 내용의 메일을 쓸 경우가 많죠. 이럴 때는 be out of the office, 혹은 여기처럼 be away from the office라고 하면 됩니다.

PRESENTATION

7 **If you don't mind**, could you silence your mobile phones until the end of the presentation?

괜찮으시면 프레젠테이션이 끝날 때까지 전화기를 꺼주시겠습니까?

---

8 **If you don't mind**, I'll take any and all questions at the conclusion of my presentation.

괜찮으시다면 질문은 프레젠테이션의 끝부분에서 받겠습니다.

---

9 **If you don't mind**, I'll skip these slides and go right to the details.

괜찮으시다면 이 슬라이드는 건너 뛰고 본론으로 들어가겠습니다.

---

7. silence를 동사로 써서 '무음으로 하다'라는 뜻을 전달하고 있습니다.
8. 본 책에 수록된 '질문은 마지막에 받겠다'의 다른 표현은 다음과 같습니다. Would it be possible to save all your questions until the end of the presentation? If you could hold any questions until the end, it would be much appreciated. Would you please hold all questions until the end?
9. '본론으로 들어가겠습니다'라고 말할 때는 여기처럼 go right to the details라고 하거나 get down to the fine details처럼 말하면 됩니다.

If you have time ~

시간이 되시면

21

상대방에게 부탁이나 요청을 할 때, 상대가 충분한 시간이 있는지 묻기 위해 붙이는 말입니다. time 앞에 the를 붙이기도 하지만 '시간이 되면'이라는 정해진 표현처럼 하는 말이므로 the 없이 써도 상관이 없습니다.

'그럴 시간이 되면'이라는 말은 곧 '그럴 기회가 되면'이라는 뜻이기도 하므로 if you have the chance처럼 말할 수도 있습니다. 모두 상대방의 일정을 고려하는 느낌을 주기 위해 붙이는 표현입니다.

이럴때쓰세요

- 시간 약속을 정할 때
- 상대방에게 어떤 부탁을 들어줄 시간이 있냐고 묻기 위해

CONVERSATION

1 **A If you have time**, could you give me a call later today?
   B Yes. Are you available after 4 pm?

   A 시간되면 오늘 늦게 전화 좀 주실래요?
   B 네. 4시 이후에 괜찮아요?

2 **A If you have time**, let's meet again next week.
  B Sure. Are you free on Friday?

  A 시간 되면 내주에 다시 뵙죠.
  B 네. 금요일에 시간 되세요?

3 **A If you have time**, could you stay for a few more minutes?
  B Sure. I'm free for the rest of the day.

  A 시간되면 조금 더 있지 그러세요.
  B 그러죠. 오늘 한가해요.

4 **A** I'd like to go over a few more things, **if you have time**.
  B All right. Please let me make a phone call before we continue.

  A 시간 괜찮으면 몇 가지 더 검토해도 될까요?
  B 좋습니다. 계속 하기 전에 전화 한 통만 할게요.

5 **A If you have the chance** to schedule a meeting with ABC Electronics, please let me know.
  B I'll tell you right away when we schedule it. I'm waiting for them to return my call.

  A ABC 전자와 회의 일정 잡게 되면 알려주세요.
  B 정해지면 바로 알려드릴게요. 전화 오기를 기다리고 있습니다.

1. available은 다양한 뜻을 지닙니다. 여기처럼 시간이 허락한다는 뜻을 전달할 때도 유용하죠.
2. 3. available 대신 쉽게 free라고 해도 됩니다.
5. 여기서는 if you have the chance를 쓰고 있죠. '그렇게 할 기회가 있으면'이라는 뜻이므로 '시간이 되면'과 같은 의미가 됩니다.

EMAIL

6 **If you have time**, please let me know your thoughts about the attached files.

시간이 되시면 첨부한 자료에 대한 생각을 알려주시기 바랍니다.

7 **If you have time** next week, please contact my secretary to schedule a meeting for Monday or Tuesday.

다음 주에 시간이 괜찮으시면 저희 비서와 연락해서 월요일이나 화요일에 미팅을 잡아 주세요.

8 **If you have the chance**, please send me your photo as an attachment before the end of the week.

괜찮으시면 귀하의 사진을 첨부하여 이번 주 안에 제게 보내 주십시오.

9 Please feel free to stop by our offices at any time, **if you have the chance**.

기회가 되면 언제든 저희 사무실에 들러 주세요.

6. '당신의 생각을 내게 말해달라'를 please let me know your thoughts로 표현하고 있습니다.

7. 어떤 날짜나 시간대가 약속을 정하기에 적당하냐고 물을 때 if the time works fine for you처럼 말하기도 하므로, 위 예문을 If next week works fine for you ~처럼 바꿔 말할 수도 있습니다.

8. 9. '가능하다면 그렇게 해 달라'는 뜻으로 if you have the chance를 붙여 표현하고 있습니다.

PRESENTATION

10 **If you have time**, I would like to show you a few extra slides.

시간이 괜찮으시면, 슬라이드를 몇 장 더 보여드리겠습니다.

11 **If you have time**, you're welcome to stay for a short Q&A session.

시간이 되시면, 조금 더 계시면서 질의 응답에 참여해 주세요.

 10. 프레젠테이션의 페이지는 보통 slide라고 표현합니다. 옛날 스타일의 슬라이드가 아닌 경우에도 그렇게 말하죠.

Would it be possible to ~ ?

혹시 ~할 수 있을까요?

22

정중하게 어떤 부탁을 할 때 '~이 가능할까요?'처럼 말할 수 있죠. Would it be possible to ~?는 조동사의 과거형을 써서 Is it possible to ~?보다 더 정중한 느낌을 주는 표현입니다.

'~할 수 있을까요'라는 의미이므로 Would you be able to ~?라고 해도 좋습니다.

이럴 때 쓰세요

- 상대방에게 정중히 부탁할 때
- 상대방이 들어주기 힘들 것 같은 부탁을 할 때

CONVERSATION

1 **A Would it be possible to** meet a little earlier?
  B Yes. Is 8:30 am instead of 9 am alright?

  A 좀 더 일찍 만날 수 있을까요?
  B 좋아요. 오전 9시 대신 8시 30분이면 될까요?

2 **A Would it be possible to** loan me a little coffee money? I'll pay you back tomorrow.

B Sure. Here's five dollars, and don't worry about paying me back!

A 커피값 좀 빌려줄 수 있으세요? 내일 줄게요.
B 그러죠. 여기 5달러 있는데 안 돌려주셔도 돼요.

---

3 **A** **Would it be possible to** make an exception for me?
   B Considering the circumstances, an exception can be made in your case.

   A 예외로 해줄 수 없을까요?
   B 상황을 고려해 보니, 귀하께서는 예외를 적용할 수 있겠네요.

---

4 **A** **Would it be possible for you to** move over a little so I can sit down, too?
   B I'm sorry. I didn't realize I was taking up so much room.

   A 저도 앉게 조금 비켜주실 수 있을까요?
   B 죄송해요. 제가 많은 자리를 차지하고 있는 줄 몰랐습니다.

---

2. 말 그대로 커피를 살 수 있을 정도의 작은 금액을 coffee money라고 합니다. 돈을 갚는 것은 pay back이라고 말하죠.

4. 동작을 묘사하는 말을 영어로 표현하기가 특히 어렵습니다. 조금 움직여 달라고 할 때 move over라고 표현하면 되죠. 다른 사람이 앉도록 조금 비켜 주는 동작을 표현하는 말로 scoot over도 있습니다. room은 '공간'이라는 뜻도 지니므로 take up so much room은 많은 공간을 차지한다는 말이 됩니다.

EMAIL

5 **Would it be possible for you to** resend the documents by tomorrow evening?

내일 저녁까지 문서를 다시 보내 주실 수 있을까요?

6   **Is it possible to** repair my current headphones rather than replace them? I prefer my current model.

지금 모델이 좋아서 그러는데, 헤드폰을 교체하지 않고 그냥 수리할 수 없나요?

7   **Is it possible to** receive a complete refund or store credit for my defective item?

제가 산 물건에 문제가 있는데 환불 받거나 교환권을 받을 수 있을까요?

6. 여기서는 조동사의 과거형을 쓰지 않고 is it possible to ~로 표현하고 있습니다.
7. 상품의 결함이나 흠을 뜻하는 형용사에 defective가 있습니다. defective item 대신 faulty item이라고 해도 되죠.

 PRESENTATION

8   **Is it possible for everyone to** move to the front of the room in order to see the slides more clearly?

슬라이드가 좀 더 잘 보이도록 앞쪽으로 나와 주시겠어요?

9   **Would it be possible to** save all your questions until the end of the presentation?

질문은 프레젠테이션 마지막에 해주실 수 있을까요?

8. 프레젠테이션의 내용을 영어로 말하는 것도 어렵지만 이렇게 프레젠테이션의 진행과 관련된 안내말을 영어로 표현하는 것이 더 어려울 수도 있습니다. 앞쪽으로 나와 달라는 말을 move to the front of the room이라고 했죠.

~ is really appreciated

23

~하시면 정말 감사하겠습니다, ~해 주셔서 감사합니다

appreciate은 감사하는 내용을 바로 목적어로 취하는 동사이므로 감사하는 내용이 주어로 나왔을 때는 ~ is appreciated와 같이 수동형으로 말해야 합니다. 물론 감사하는 내용을 뒤로 빼고 어순을 바꿔 I really appreciate ~라고 해도 되죠.

좀 더 정중한 느낌을 주기 위해 ~ would be really appreciated처럼 조동사의 과거형을 활용해서 표현해도 좋습니다.

이럴 때 쓰세요

- 상대방에게 정중히 부탁할 때
- 상대방의 행동에 대해 감사의 마음을 전할 때

CONVERSATION

1   **A** Thank you for listening. Your time **was greatly appreciated.**
    B My pleasure.

    A 들어주셔서 감사합니다. 귀중한 시간 내주셔서 아주 감사했습니다.
    B 별말씀을요.

2   **A** Your help **is really appreciated!**

B You're very welcome.

A 도움 주셔서 매우 감사합니다.
B 천만에요.

---

3 **A** I heard about your wife's illness, and I wanted to express my concern.
B Your thoughtfulness **is really appreciated.**

A 사모님이 편찮으시다는 얘기 들었습니다. 저도 걱정이 되네요.
B 생각해 주셔서 감사합니다.

---

4 **A** If you could help me for a few hours on my project, it **would be really appreciated.**
B Sure. I'll set aside part of my afternoon.

A 몇 시간 동안 제 프로젝트를 도와주시면 매우 감사하겠습니다.
B 그러죠. 오후 시간 좀 비워 두겠습니다.

---

1. 상대방이 감사의 뜻을 표했을 때 '별말씀을요' 정도 뜻으로 쓸 수 있는 말이 my pleasure입니다. You're welcome.이라고 표현하기도 합니다.
2. 어순을 바꿔 I really appreciate your help.라고 해도 되죠.
3. 염려나 걱정을 표현하는 가장 일반적인 단어가 concern입니다. thoughtful이 생각이 많고 사려 깊은 모습을 지칭하므로 thoughtfulness는 '사려 깊음'이라는 뜻이죠.
4. If you could ~, it would be really appreciated.를 하나의 패턴으로 기억해도 좋습니다. if 다음에 한 말을 it으로 다시 받는 거죠.

EMAIL

5 **It would be really appreciated if** you could complete the attached application by tonight.

첨부한 신청서를 오늘 밤까지 작성해 주시면 감사하겠습니다.

6   Any improvements to the attached document **would be truly appreciated.**

첨부한 문서를 좀 더 다듬어 주시면 정말 감사하겠습니다.

7   When you contact customer service, **we would appreciate it if** you could have your order number on hand.

서비스센터에 전화하실 때는 주문 번호를 숙지해 주시면 감사하겠습니다.

- 5. 문장을 시작하는 it은 if 다음에 나오는 내용을 의미합니다.
- 6. improvement가 개선을 뜻하므로, 첨부한 파일의 내용을 더 좋게 만드는 것을 이렇게 표현할 수 있습니다.
- 7. on hand는 수중에 지니고 있다는 뜻인데, 여기서는 보여줄 수 있도록 준비하고 있어 달라는 의미로 한 말입니다.

 PRESENTATION

8   Your complete and undivided attention **would be greatly appreciated**.

집중해서 들어 주시면 정말 감사하겠습니다.

9   If you could hold any questions until the end, **it would be much appreciated**.

질문은 맨 나중에 해 주시면 감사하겠습니다.

- 8. 집중을 해달라고 할 때 '갈라지지 않은 집중'이라는 뜻으로 undivided라는 단어를 쓸 수 있습니다.

Would you mind ~ ?

24

~하는 것 별로세요?

mind가 들어간 질문에 대답할 때는 특히 주의해야 합니다. '~이 마음에 들지 않나?'라고 묻는 것이므로 괜찮다면 no라고 답해야 하죠. yes와 no를 반대로 답하기 쉬우니 조심해야 합니다. 질문에 대한 답으로, 괜찮다든가 개의치 않는다든가 하는 말을 영어로 표현하는 법을 익히는 것도 혼란을 방지하기 위한 요령입니다. 익숙해질 때까지 시행착오가 불가피한 구문입니다.

이럴 때 쓰세요

- 어떤 일을 하기 전에 상대방의 의향을 물을 때
- 상대방에게 부탁할 때

CONVERSATION

1   **A Would you mind** moving back our meeting by one hour?
    B That's fine with me.

　　A 회의를 한 시간 후로 미뤄도 되겠습니까?
　　B 전 괜찮아요.

2   **A Would you mind** giving me a ride to the post office?
    B I can take you there on the way home.

A 우체국까지 태워주실 수 있으세요?
B 집에 가는 길에 태워 드릴게요.

---

3   **A Would you mind if** I used your phone?
    B No. Please use it as long as you need to.

A 전화기 좀 써도 될까요?
B 네. 필요한 만큼 쓰세요.

---

4   **A Would you mind** keeping this between just the two of us?
    B Don't worry. I won't tell anyone.

A 우리 둘만 아는 걸로 하면 안될까요?
B 걱정 마세요. 아무한테도 얘기 안 하겠습니다.

---

5   **A Would you mind if** I called you "Sally" instead of "Miss Brown?"
    B No, not at all. Sally is fine.

A 미스 브라운 대신 샐리라고 이름을 불러도 되겠습니까?
B 괜찮아요. 샐리라고 불러 주세요.

---

1. 만일 That's fine with me.라고 답하지 않는다면 No, not at all.이라고 해야겠죠. yes라고 답하는 실수를 저지르기가 쉬우니 주의해야 합니다. 시간 약속 옮기는 것을 move라는 동사를 써서 표현하고 있죠.

2. 누군가를 자동차로 태워줄 때 give someone a ride라고 말할 수 있습니다.

4. keep something between the two of us, keep something between ourselves라고 하면 '우리끼리만 아는 걸로 하다'라는 뜻이 됩니다.

5. 대화로 미루어 보아 이 여성의 이름은 Sally Brown이죠. 처음 만나거나 만난 지 얼마 안 된 사람에게 친근하게 이름(first name)을 불러도 되겠냐고 물을 때 쓸 수 있는 문장입니다.

EMAIL

6 **Would you mind** CC'ing me on future correspondence?

앞으로는 저도 이메일에 참조로 넣어 주실 수 있을까요?

7 **Would you mind** sending me the documents again in a different file format?

그 문서를 다른 포맷으로 보내주실 수 있을까요?

8 **Would you mind if** I made some slight corrections to the documents you just sent me?

방금 보내주신 문서를 약간 수정해도 되겠습니까?

> **해설** 6. 앞서 설명한 대로 cc는 참조로 이메일을 보내는 것을 합니다. 동사이므로 -ing를 붙이거나 -ed를 붙여 말할 수도 있습니다.

 PRESENTATION

9 **Would you mind** sharing these handouts?

이 문서 자료를 같이 좀 봐 주시겠어요?

10 **Would you mind if** we started the presentation 10 minutes later?

프레젠테이션 시작 시간을 10분 늦춰도 되겠습니까?

11   **Would you mind** giving the floor to my business partner so he can introduce today's presentation?

제 비즈니스 파트너가 오늘 프레젠테이션을 소개할 수 있도록 자리를 넘겨 드려도 되겠습니까?

---

11. floor는 '마루'나 '바닥'뿐 아니라 '발표자가 말하는 곳'을 가리키기도 합니다. 우리말로 따지면 '마이크를 넘기다'에 해당하는 표현이 give the floor over to somebody 혹은 turn the floor over to somebody입니다.

I'd appreciate it if ~

~하면 감사하겠습니다

25

앞서 설명한 ~ will be appreciated와 함께 생각하면 좋을 패턴입니다. 여기서 it은 if 다음에 오는 내용을 가리킵니다. 그런데 구어에서는 it을 빼거나 정확히 발음하지 않는 경우가 많죠. 하지만 원칙적으로 it까지 있어야 하므로 it을 붙인 패턴으로 기억하기 바랍니다. if가 이끄는 문장 안의 동사 시제도 주의할 필요가 있는데요, 보통 과거형이나 조동사의 과거형을 쓰는데, 가정법이라는 문법 때문에 그렇습니다. 하지만 문법은 너무 신경 쓰지 말고 그냥 패턴으로 기억하면 될 것 같습니다.

이럴 때 쓰세요

- 정중하게 부탁할 때
- 정중하게 제안을 할 때

CONVERSATION

1
A I'd appreciate it if you would take some notes for me while we talk.
B Sure. Let me get a notebook and pen.

A 우리가 하는 얘기 노트 좀 해 주면 좋겠어요.
B 그러죠. 공책과 펜을 가져오겠습니다.

2 **A I'd appreciate it if** you were more punctual in the morning.
   B Yes. That's more than a reasonable request. I'll try to make it on time from now on.

   A 아침에는 시간을 좀 더 정확히 지키기 바랍니다.
   B 네 알겠습니다. 당연한 말씀이라 생각합니다. 이제부터 정시에 오도록 하겠습니다.

1. if가 이끄는 문장 안에 조동사의 과거형을 쓰는 점에 주의하세요.
2. 여기서는 강한 요구사항을 부드러운 말로 포장해서 표현하고 있습니다. 윗사람이 아랫사람에게 할 수 있는 말이겠죠.

 EMAIL

3 Please let me know if you have any other ideas. **I'd appreciate it**.

   다른 아이디어가 있는지 알려주시면 감사하겠습니다.

4 **I'd appreciate it if** you wouldn't forward this email to anyone else.

   이 이메일은 아무한테도 보내지 않아 주시면 감사하겠습니다.

5 **I'd appreciate it if** we could meet a few more times this week to work out all the details.

   세세한 부분을 결정하기 위해 이번 주에 몇 번 더 만날 수 있으면 좋겠습니다.

3. if 절이 붙는 패턴으로 쓰기도 하지만 이렇게 부탁하는 내용을 먼저 말하고 나중에 I'd appreciate it.을 붙일 수도 있습니다.
4. forward는 메일을 전달한다는 뜻입니다.

5. work out도 많은 뜻을 지닌 표현이니 문맥에 맞게 해석해야 합니다. work out 다음에 problem 이나 issue, 여기처럼 detail이 오면 문제를 해결하거나 세부적인 사항을 결정한다는 뜻이 됩니다.

PRESENTATION

6 **I'd appreciate it if** we could keep this information within this room.

이 정보를 이 방 안에 있는 사람들끼리만 공유하면 좋겠습니다.

7 **I'd appreciate it if** you would silence your phone for the next hour.

한 시간 동안 휴대 전화를 무음으로 해 주시면 감사하겠습니다.

8 **I'd appreciate it if** all employees worked just as hard as Mr. Howard.

모든 직원이 하워드 씨처럼만 열심히 일하면 좋겠습니다.

8. if 절 안에 조동사가 오면 과거형을 쓰죠. 여기처럼 조동사 없이 그냥 동사만 나오는 경우에도 과거형으로 표현합니다. 역시 가정법 과거라는 문법 때문에 그런데요, 문법에 너무 연연하지 말고 하나의 규칙으로 기억해 두면 되겠습니다.

EXERCISE 4

Fill in the blank with the most appropriate word.

01 회의 끝나고 저녁 같이 하시겠어요?

I was _____ if you would like to have dinner after the meeting.

02 약속을 미룰 수 있을까요?

Is there any _____ we can push back our appointment?

03 괜찮으시면 이 문서 검토하고 감수 좀 해 주실 수 있을까요?

If you don't _____, could you look over these documents and proofread them?

04 시간이 되시면 첨부한 자료에 대한 생각을 알려주시기 바랍니다.

If you have _____, please let me know your thoughts about the attached files.

05 내일 저녁까지 문서를 다시 보내 주실 수 있을까요?

Would it be _____ for you to resend the documents by tomorrow evening?

06 첨부한 문서를 좀 더 다듬어 주시면 정말 감사하겠습니다.

Any improvements to the attached document would be truly _____.

07 미스 브라운 대신 샐리라고 이름을 불러도 되겠습니까?

Would you _____ if I called you "Sally" instead of "Miss Brown?"

08 세세한 부분을 결정하기 위해 이번 주에 몇 번 더 만날 수 있으면 좋겠습니다.

I'd _____ it if we could meet a few more times this week to work out all the details.

답 1. wondering 2. way 3. mind 4. time 5. possible 6. appreciated 7. mind 8. appreciate

명령문을
부드럽게
만드는
패턴들

―――――

5

부드럽게
말하지만
속뜻은 명령

지시를 하거나, 반드시 어떻게 하라고 말할 경우에도 상대의 마음이 상하지 않도록 정중하게 표현하는 기술이 필요합니다. 내가 윗사람이라고 해서 아랫사람에게 명령조로 말해도 되는 것은 아니잖아요. 아 해 다르고 어 해 다르다고, 같은 말이라도 듣는 사람 기분이 상하지 않게 덜 권위적으로 말하면 좋겠죠.

여기서는 딱딱한 명령문처럼 들리지 않도록 하기 위해 붙이는 표현들을 다룹니다. '꼭 그렇게 하라'는 말을 부드럽게 포장하는 기술입니다.

- 명령이나 지시를 부드럽게 표현하는 패턴들이 있습니다. It would be better if ~, I think we'd better ~, I'd like you to ~와 같은 패턴들이 그 예인데요, 해석상으로는 모두 '~하면 더 좋겠다'는 말이지만 사실은 '~하라'를 돌려 표현한 것입니다.

- Please feel free to ~는 '신경 쓰지 말고 편하게 하라'는 뜻으로 쓰는 말입니다. You are welcome to ~도 비슷한 뜻이죠.

- '반드시 ~하도록 주의하라'고 할 때는 Please make sure ~와 같은 표현을 쓸 수 있죠.

- Please note that ~은 '~을 양해해 달라', '~을 유의하라'고 할 때 쓸 수 있는 패턴입니다. 특히 이메일에서 상대방이 주의해야 할 점을 알려줄 때 매우 유용한 표현이죠.

I'd like you to ~

26

~해 주세요

해석만 생각하면 '~해 주면 좋겠다'이지만 숨은 뜻은 '~하라'입니다. 어떤 억양으로 말하느냐에 따라 위협적인 뉘앙스를 풍길 수도 있죠. 아랫사람이 윗사람에게 쓰면 무례해 보일 수도 있는 표현입니다. 앞서 설명한 Would you please ~?와 같은 표현보다는 지시나 명령의 뉘앙스를 많이 담고 있으니 주의해야겠습니다.

이럴 때 쓰세요

- 상대방이 어떤 일을 했으면 좋겠다는 내 뜻을 전달할 때
- 상대방이 싫어할 수도 있는 일이지만 그 일을 꼭 했으면 좋겠다고 말할 때
- 윗사람이 아랫사람에게 어떤 일을 지시할 때

CONVERSATION

1 **A I'd like you to** take a look at this.
   B Can I go over this during lunch?

   A 이거 한 번 봐요.
   B 점심 먹으면서 봐도 될까요?

2 **A I'd like you to** go ahead of me, and I'll follow in a few minutes.
   B Sure. I'll save a seat for you.

A 먼저 가요. 몇 분 뒤에 따라 가겠습니다.
B 네. 자리 맡아 둘게요.

---

3 **A** I'm sorry for coming in late again today.
   B **I'd like you to** try to arrive earlier next time.

   A 오늘 또 늦게 와서 죄송합니다.
   B 다음 번에는 좀 더 일찍 올 수 있도록 해요.

---

4 **A** **I'd like you to** speak up if you disagree with any of my opinions.
   B Ok. I'll keep that in mind.

   A 내 생각과 다르면 어떤 문제든 솔직히 말해 주길 바라요.
   B 네. 기억해 두겠습니다.

---

2. 자리를 맡아 둔다고 할 때 save라는 동사를 썼는데, 대신 hold를 쓰기도 합니다. 예를 들어 줄을 서 있다가 내 자리 좀 잠시 맡아 달라고 할 때 Please save the spot. 혹은 Please hold the spot.이라고 말할 수 있습니다.

3. come in은 들어온다는 뜻인데, 보통 출근하는 것, 사무실에 나오는 것을 표현할 때 씁니다. 예문에서 Try to arrive earlier next time.처럼 말하지 않고 앞에 I'd like you to를 붙여 말을 부드럽게 만들기는 했지만, 억양에 따라 일반 명령문만큼이나 강압적으로 들릴 수 있을 것입니다.

4. speak up은 솔직하게 말한다는 뜻 외에 목소리를 크게 키운다는 뜻도 지닙니다. 예를 들어 전화할 때 '좀 크게 말씀해주세요'를 Can you please speak up?이라고 말할 수 있습니다.

EMAIL

5 **I'd like you to** give me your feedback.

   피드백 부탁합니다.

6　**I'd like you to** review these documents, and let me know your thoughts.

이 문서를 검토하고 어떻게 생각하는지 알려주기 바랍니다.

7　**I'd like you to** consider all our opinions and get back to me.

의견 다 검토해 보고 다시 연락 줘요.

5. 검토 후 의견을 달라고 할 때 '의견'을 보통 feedback이라고 합니다.
6.7. I'd like you to ~는 윗사람이 아랫사람에게 쓰는 이메일에 적합한 패턴입니다.

PRESENTATION

8　**I'd like you to** give me your full attention for the next few minutes.

앞으로 몇 분 동안 주목해 주세요.

9　**I'd like you to** follow along with my presentation using the handouts.

나누어드린 자료를 보시면서 제 프레젠테이션을 들어 주시면 좋겠습니다.

8. 주목해 달라고 할 때 앞서 undivided attention이라는 말을 썼는데, 여기서는 full attention으로 표현하고 있습니다.
9. along은 나란히 같이 가는 모양을 표현하는 단어입니다. 여기처럼 '같이 ~한다'는 의미를 표현하기에 적당하죠. sing along 혹은 dance along과 같은 표현이 익숙한데, 따라 말하는 것도 along을 써서 speak along처럼 표현할 수 있습니다.

Please feel free to ~

편하게 ~하세요

상대방에게 원하는 대로 하라고 말할 때 일반적으로 쓰는 표현입니다. '좋을 대로 하라'는 말을 부드럽게 하고 싶다면 이 패턴을 떠올리면 되죠. 대화나 이메일 등에서 아주 빈번히 활용됩니다.

이럴 때 쓰세요

- 상대방에게 원하는 대로 하라고 말할 때
- 자신이 상대에게 호의를 베푸는 입장일 때

CONVERSATION

1
A It seems I'm eating much faster than you.
B Don't mind me. I'm a slow eater. **Please feel free to** finish at your own pace.

A 제가 너무 빨리 먹는 것 같군요.
B 제가 원래 천천히 먹으니 제 신경 쓰지 마시고 편하게 식사하십시오.

2
A **Please feel free to** tell me what you think. I won't take it personally.
B Overall, everything looks fine, but there are certain points I'd like to discuss.

A 어떤 생각이신지 편하게 말씀해 주세요. 기분 나쁘게 받아들이지 않겠습니다.
B 전체적으로는 괜찮습니다만, 논의했으면 하는 문제들이 몇 개 있습니다.

3   **A** If there's anything I can do to help you, **please feel free to** ask.
    B Thanks. I may take you up on that offer.

   A 제가 도움될 일 있으면 언제든 말씀해 주십시오.
   B 감사합니다. 그렇게 할게요.

4   **A** Are there any conference events planned tonight?
    B After today's meeting is finished, **please feel free to** use your evening as you like.

   A 오늘 저녁에 예정된 컨퍼런스가 있나요?
   B 오늘 회의가 끝난 후 저녁시간은 자유롭게 보내셔도 됩니다.

---

1. 자신이 원하는 속도로 먹으라는 뜻에서 at your own pace라는 표현을 썼습니다.
2. I won't take it personally.에서 personally는 '사적인 감정을 개입시켜' 정도의 뜻을 지닙니다. 기분 나쁘게 생각하지 않을 테니 하고 싶은 말을 해보라는 말이죠.
3. take you up on that offer는 간단히 줄여 말하면 take your offer 즉, 당신의 제안을 받아들이겠다는 말입니다. 영어에서는 동사 뒤에 up을 붙여 의미를 강조하는 경우가 많습니다. take you up이라고 하고 받아들일 내용을 표현하기 위해 전치사 on을 붙였죠.

✉ EMAIL

5   **Please feel free to** contact me via telephone, if it is easier.

   전화가 편하면 언제든 전화로 연락해 주십시오.

---

6   I know the position is already filled, but **please feel free to** keep my resume on file.

   채용이 끝난 걸로 알고 있습니다만, 필요하다면 제 이력서를 보관해 두셔도 좋습니다.

---

7 If there is any problem with the attached file, **please feel free to** let me know.

첨부한 파일에 문제가 있으면 언제든 알려주십시오.

---

8 I will be out of the office for a week, but **please feel free to** send me email, as I'll be checking my account regularly.

제가 일주일 동안 휴가입니다만 정기적으로 이메일을 체크할 예정이니 주저 말고 이메일을 보내주십시오.

---

5. via는 어떤 수단을 표현할 때 유용한 단어입니다. through처럼 '~을 통해'라는 뜻으로 쓰죠. via email은 '이메일로', via phone은 '전화로'라는 뜻이 됩니다.
6. keep my resume on file은 '내 이력서를 보관하라'라는 뜻입니다. 채용이 끝났지만 내 이력서를 보관해 두었다가 나중에라도 자리가 있으면 고려해 달라는 뜻으로 한 말이죠.
8. 휴가중에 전화를 받거나 이메일에 응대해야 할 경우 쓸 수 있는 문장입니다. '휴가중'을 꼭 on vacation이라고 표현할 필요는 없습니다. 자리를 비운다는 뜻이니 be out of office 정도로 표현해도 되죠.

PRESENTATION

9 If you have a question during my presentation, **please feel free to** ask.

제 프레젠테이션 중간에 질문이 있으시면 언제든 자유롭게 물어봐 주십시오.

---

10 **Please feel free to** help yourself to donuts and coffee during the break periods.

쉬는 시간에 도넛과 커피를 편하게 드시면 됩니다.

11 **If you would like more information, please feel free to** speak with me personally after the presentation.

더 많은 정보를 원하시면 프레젠테이션이 끝난 후에 주저 말고 제게 말씀해 주십시오.

10. help oneself to ~는 '~를 먹는다'는 뜻입니다. 행사장에 준비되어 있는 다과를 편하게 드시라고 할 때 쓸 수 있는 예문이죠. 이런 간단한 음료와 과자를 refreshments 라고 말하기도 합니다.

You are welcome to ~

28

편한 대로 ~하세요

feel free to 와 마찬가지로 '편하게 ~하라'는 뜻을 전달할 때 쓸 수 있는 표현입니다. welcome이 환영한다는 뜻을 지니므로 '~해도 환영입니다'라는 의미라고 생각하면 되죠.

이럴 때 쓰세요

- 자유롭게 어떤 일을 해도 좋다고 상대방에게 말할 때
- 내가 상대방에게 호의를 베푸는 입장에서 좋을 대로 하라고 말할 때

CONVERSATION

1   **A You are welcome to** eat the rest of my dessert. I'm full!
    B Thank you!

    A 제 디저트 마음껏 드셔도 돼요. 저는 배가 불러요.
    B 감사합니다.

2   **A You're welcome to** call me David instead of Mr. Smith.
    B I will do that, David.

    A 스미스 씨 대신 데이빗이라고 불러주셔도 돼요.
    B 그렇게 하죠, 데이빗.

3   **A** I enjoyed our lunch conversation today.
   B **You are welcome to** join me for lunch again in the future.

   A 오늘 점심 식사하며 나눈 대화 즐거웠습니다.
   B 앞으로 언제든 저와 점심 같이 하시죠.

4   **A** **You're welcome to** browse through our shop for as long as you'd like.
   B Thank you, but I'm just leaving now.

   A 편하신 대로 얼마든지 저희 샵을 둘러 보셔도 돼요.
   B 감사합니다만 이제 가려던 참이에요.

3. 함께 식사를 한다고 할 때 join me라는 말을 먼저 쓰고 무엇에 대해 함께 하는지는 for lunch 라는 말을 추가하여 표현하고 있습니다.
4. browse는 '브라우저'라는 컴퓨터 용어로 익숙한 단어인데요, 둘러본다는 뜻을 지닙니다. 상점을 둘러보는 것도 browse라고 하죠.

EMAIL

5   **You're welcome to** submit any further documents that would support your application.

   지원에 도움이 될 문서는 언제든 추가로 제출하셔도 됩니다.

6   Upon arrival at our offices, **you are welcome to** take a seat in the waiting area until your name is called.

   저희 사무실에 도착하시면 이름이 호명될 때까지 대기장소에 앉아 계시면 됩니다.

7   I cannot help you further with this matter, but **you're welcome to** contact my supervisor at the email address below.

이 문제에 대해 제가 더 도움을 드릴 수는 없습니다만, 아래 주소로 저희 상급자께 언제든 이메일 주시면 됩니다.

8   **You're welcome to** contact us via phone or email between the hours of 9 am and 5 pm on weekdays.

평일 오전 9시와 오후 5시 사이에 언제든 전화나 이메일로 저희에게 연락하시면 됩니다.

5. 6. 7. 8. 모두 어떻게 하라는 안내나 지시의 내용을 부드럽게 하기 위해 You are welcome to ~ 패턴을 쓰고 있습니다. 앞서 나온 Please feel free to ~로 바꿔 표현해도 문제가 없습니다.

PRESENTATION

9   **You're welcome to** ask any questions at the end of every slide.

매 슬라이드 설명이 끝날 때마다 자유롭게 질문해 주시면 됩니다.

10   **You're welcome to** sit in on tomorrow's presentation, even if you didn't register.

등록하지 않아도 내일 프레젠테이션을 자유롭게 참관하실 수 있습니다.

9. 프레젠테이션할 때 언제든 질문해도 좋다는 뜻으로 할 수 있는 말이니 활용해 보기 바랍니다.

10. sit in on은 대학에서 수업을 청강한다고 할 때 쓰는 표현입니다. sit in on the class라고 하면 그 수업을 청강한다는 뜻이죠. 여기서는 따로 등록하지 않고 자유롭게 프레젠테이션을 듣는다는 말입니다.

Please note that ~

~임을 주의해 주세요

29

---

note는 '공책'을 뜻하지만 동사로는 '~라는 점에 주의하다', '주목하다'라는 의미를 지닙니다. 상대방에게 주의할 점이나 참고사항을 알려줄 때 please note that 다음에 그 내용을 넣는 패턴으로 많이 쓰죠. 대화보다는 이메일에 더 많이 쓰지만 쓰임이 매우 넓습니다. 주의사항이나 유의사항을 전달할 때 아주 유용한 패턴이죠.

비슷한 표현에 please be informed ~도 있습니다. 직역하면 '~라는 정보를 알고 있으라'라는 뜻인데, 어떤 사실을 알고 있으라는 말이죠. 이보다 좀 더 강한 느낌으로 please be advised ~라고 할 수도 있습니다. '~라는 점을 조언합니다'라는 뜻이니 꼭 기억해야 한다는 뉘앙스가 추가되는 표현이죠.

- 이메일이나 공지문에서 어떤 점을 유의하거나 참고하라고 말할 때
- 상대방과의 의견 차이를 정중하게 통보할 때

EMAIL

1 **Please note that** we'll be leaving exactly at 5 pm.
저희가 정확히 5시에 출발할 예정이니 참고하세요.

2 **Please note that** the CEO will also be attending.
대표이사께서 참석하실 예정이니 참고하세요.

3   **Please note that** I will be out of the office for the next two weeks.

앞으로 2주 동안 자리를 비울 예정이니 참고하세요.

4   **Please note that** I have made some changes to the attached documents.

첨부한 문서를 약간 변경했으니 참고하세요.

5   **Please note that** my phone number has changed. It is now (123) 456-7890.

제 번호가 바뀌어 알려드립니다. 새 번호는 123 456 7890입니다.

6   **Please note that** your interview time tomorrow has been changed to 9:30 am.

귀하의 면접시간이 오전 9시30분으로 변경되었으니 착오 없으시기 바랍니다.

7   **Please note that** we have not yet received all of the required documents to complete your application.

귀하의 지원 절차를 완료하기 위한 문서를 저희가 아직 다 받지 못하였으니 참고하시기 바랍니다.

8   **Please note that** Friday is a holiday, and our offices will be closed for the long weekend.

금요일이 휴일이라 연휴 동안 저희 사무실이 업무를 하지 않으니 참고하시기 바랍니다.

 1~8. 예문들처럼 '~이니 주의하세요', '~을 참고하세요'라는 의미를 전달할 때 아주 유용한 패턴입니다. 특히 이메일에 빈번히 쓰입니다.

PRESENTATION

9 **Please note that** I have included the earnings from printer sales in the computers category.

프린터 판매로 인한 이익을 컴퓨터 카테고리에 표시하였으니 참고하시기 바랍니다.

---

10 **Please note that** tomorrow's presentation has been moved upstairs to Room 203.

내일 프레젠테이션 장소가 한 층 위인 203호로 변경되었으니 착오 없으시기 바랍니다.

---

11 **Please note that** this presentation includes some forward-looking statements.

이 프레젠테이션은 향후 전망에 대한 내용을 담고 있음을 기억해 주시기 바랍니다.

---

12 **Please note that** these figures are not final, but merely our current estimates.

이 수치들은 최종값이 아니라 현재 기준 전망치이니 주의하세요.

- 9~12. 말보다는 글에 많이 쓰는 패턴이지만, 프레젠테이션처럼 격식을 차려 말해야 하는 경우라면 잘 활용할 수 있습니다.
- 11. forward-looking statements란 '미래를 전망하는 내용'을 의미합니다. 비즈니스 관련 프레젠테이션에는 실제 결과가 발표 내용과 달라질 수 있다는 점을 고지하는 디스클레이머(disclaimer)를 포함하는 경우가 많습니다. 디스클레이머에 들어가는 전형적인 문장이 여기 나오는 예문입니다.
- 12. 추산한 값, 예상값을 estimate라고 합니다.

It would be better if ~

30

~하면 더 좋겠습니다

if 다음에 나오는 내용을 선택하는 것이 더 좋다는 뜻으로 하는 말입니다. Wouldn't it be better if ~? 처럼 의문문으로 활용하여 '~가 더 낫지 않을까요?'라고 말할 수도 있습니다.

better 대신에 best를 쓰면 '~이 가장 좋다'는 뜻이 되니, 더 강조하기 위해 it would be best if ~처럼 말할 수도 있습니다.

이럴 때 쓰세요

- 상대방에게 어떻게 하거나 하지 말라는 의사를 정중하게 표현할 때
- 상대방의 의견과는 다른 내 의견을 표현할 때

CONVERSATION

1
A It would be better if you don't go to the party.
B I agree. I'll stay home.

   A 그 파티 안 가는 게 좋을 것 같아요.
   B 맞아요. 그냥 집에 있을게요.

2
A Do we have any work meetings planned tomorrow?

B Yes. So **it would be best if** we don't drink tonight.

A 내일 무슨 업무 회의 있나요?
B 네. 그래서 오늘은 안 마시는 게 좋겠어요.

---

3   **A** I don't feel comfortable speaking to a large group in English yet.

B In that case, **it would be better if** you recommend someone else in your team.

A 많은 사람들 앞에서 영어로 말하는 게 아직 편하지 않네요.
B 그럼 같은 팀에서 다른 사람을 추천해 주시는 게 낫겠어요.

---

4   **A** Since your team treated us to dinner last time, **it would be best if** I pay for dinner tonight.

B That's a good plan. Thanks for being so thoughtful.

A 지난 번에는 그쪽 팀에서 저녁을 사주셨으니 오늘은 저희가 내는 게 좋겠네요.
B 좋아요. 생각해 주셔서 고맙네요.

---

1. if 절 대신에 -ing 형을 써서 It would be better not going to the party.처럼 말해도 좋습니다.
2. better 대신에 best를 쓰면 뜻이 더 강조됩니다.
3. 영어로 말하는 것이 아직 익숙하지 않다는 뜻으로 not feel comfortable speaking in English라고 말하고 있습니다.
4. treat는 'treat + 사람 + to + 한턱 내는 내용'의 형태로 활용합니다. 그래서 treat us to dinner 처럼 말했죠.

 E M A I L

5   **It would be better if** you could arrive a bit earlier next time.

다음 번에는 좀 더 일찍 도착하시면 좋겠습니다.

---

6 **It would be best if** you look at the attachments tonight and send me any corrections by tomorrow noon.

오늘 밤에 첨부파일을 검토해서 내일 정오까지 수정사항을 보내주시면 좋겠습니다.

---

 5. 6. 이 두 문장은 지시나 불만의 뉘앙스를 지닐 수도 있습니다. 윗사람에게 쓰는 메일에는 활용할 수 없겠죠.

 PRESENTATION

7 **It would be best if** I present all the facts and figures in the industry first, then talk about our company's figures.

업계 전반의 현황과 수치를 먼저 말씀드리고, 이어서 우리 회사의 실적을 얘기하는 것이 더 좋겠습니다.

---

8 As the growth starts leveling off from the past quarter, **it would be better if** we focus on our future opportunities for the time being.

지난 분기부터 성장이 둔화되고 있으니 당분간은 앞으로 만들어 갈 기회에 중점을 두는 것이 좋겠습니다.

---

 7. 특정 기업이 속한 '업계'는 industry라고 표현합니다.
8. level이 '평평한'이라는 뜻을 지니므로, level off는 '평평해지다'라는 말입니다. 특히 성장세가 둔화되는 것을 나타낼 때 유용한 표현입니다.

I think we'd better ~
~하는 게 더 나을 것 같습니다

31

It would be better if ~와 비슷한 패턴입니다. '~하자'는 뜻으로 말하는 let's ~ 보다 더 정중한 표현이죠.

had better를 줄여서 'd better라고만 표현하는데 'd better의 어감을 정확히 알아둘 필요가 있습니다. '~하는 게 낫다'라는 뜻이지만 지시나 명령의 뉘앙스를 지니고 있을 수도 있죠. 특히 주어를 you로 했을 때 조심해야 합니다. 상대방에게 직접적으로 You'd better ~라고 말한다면 전혀 정중하지 않은 표현이 될 수도 있습니다.

이럴 때 쓰세요

- Let's ~ 대신에
- 상대방에게 어떻게 하거나 하지 말자고 할 때
- 상대방의 의견에 반대하며 내 의견을 표현할 때

CONVERSATION

1
A I think we'd better go inside! It looks like it's about to rain.
B Good idea!

A 안으로 들어가는 게 좋겠어요. 비가 올 것 같아요.
B 좋은 생각입니다.

2   **A I think we'd better** finish this conversation another time.
    B Please call me at your convenience.

   A 오늘 얘기 다음에 한 번 더 하는 것이 좋겠습니다.
   B 편할 때 전화 주세요.

3   **A I think we'd better** take an early lunch today as the presentation will begin promptly at one o'clock.
    B Shall we go now? It's already eleven thirty.

   A 발표가 1시 정각에 시작할 거니까 일찍 점심을 먹는 게 좋겠네요.
   B 지금 갈까요? 벌써 11시 30분입니다.

1. Let's go inside.를 좀 더 근사하게 말한 셈입니다.
2. at your convenience는 '편할 때', '시간이 될 때'라는 뜻입니다. 패턴 37번에서 다룹니다.
3. prompt는 뭔가 즉시 이루어지는 것을 표현할 때 유용한 단어입니다. 이메일에서 '신속히 답변해 주셔서 감사합니다'는 Thank you for your prompt reply.처럼 표현할 수 있습니다.

EMAIL

4   **I think we'd better** meet in person to finalize details.

   세부사항을 결정하기 위해 직접 만나는 것이 좋겠습니다.

5   **I think we'd better** show our plans to the director before continuing.

   계속하기 전에 우리 계획을 이사님께 보여드리는 게 좋겠습니다.

6 **I think we'd better** make arrangements for another person to join our team.

한 명이 더 우리 팀에 합류하도록 하는 게 좋겠습니다.

---

 4. final에 -ize를 붙인 finalize는 어떤 일을 끝맺음한다는 뜻으로 많이 쓰는 단어입니다.
6. make arrangements의 arrangement도 우리말로 옮기기가 쉽지 않은 단어인데요, 여기서는 '조치를 취하다', '필요한 일을 하다' 정도 의미로 생각하면 되겠습니다.

 PRESENTATION

7 **I think we'd better** end it here today.

오늘은 여기서 끝내는 것이 좋겠습니다.

---

8 **I think I'd better** consult someone from the marketing team before answering such a question.

그 질문에 답하기 전에 마케팅 팀의 의견을 듣는 것이 좋겠습니다.

---

9 **I think we'd better** take into consideration that the government stimulus measures will end soon.

정부의 부양책이 곧 끝날 것이라는 점을 고려해야 합니다.

---

 7. 프레젠테이션을 예상보다 일찍 끝내야 한다면 쓸 수 있는 문장입니다.
8. 컨설팅이라는 외래어로 익숙한 consult는 좀 더 전문적인 식견을 지닌 사람에게 묻는 것을 의미합니다. 내가 답변할 입장이 아니므로 다른 사람의 의견을 구해야 한다고 할 때 consult로 표현할 수 있죠.

Please make sure ~

32

꼭 ~해 주십시오

반드시 어떻게 하라는 말을 정중하게 표현할 때 쓸 수 있는 패턴입니다. please make sure that ~처럼 that을 붙이기도 하지만 that 없이 그냥 make sure 다음에 꼭 지켜야 할 일의 내용을 적기도 합니다.

이럴 때 쓰세요

- 주의할 사항을 전달할 때
- 꼭 해야 하는 일을 상대방에게 당부할 때
- 윗사람이 아랫사람에게 지시할 때

CONVERSATION

1   **A** I have a long drive ahead, so I'd better leave.
    B Please make sure that you don't fall asleep while driving.

    A 오래 운전을 해야 되니 가보는 게 좋겠습니다.
    B 운전하면서 졸지 않도록 하세요.

2   **A** Is there anything you'd like me to do besides lock the door?
    B Please make sure the gas line is closed.

    A 문 잠그는 것 외에 제가 더 할 게 있나요?

B 가스 잠갔는지 확인해요.

3 **A Please make sure** you don't forget to buy milk on the way home.
B Don't worry. I wrote it down!

A 집에 오는 길에 우유 사오는 것 잊지 마요.
B 걱정 마요. 적어 뒀어요.

4 **A Please make sure that** the copy machine is on standby mode when it isn't being used.
B Sure. Can you show me how to change the mode?

A 복사기가 사용중이 아니면 대기 모드로 전환되도록 하십시오.
B 알겠습니다. 모드를 어떻게 바꾸는지 알려주시겠어요?

1. have a long drive ahead는 운전을 오래 하고 가야 한다는 말입니다. 갈 길이 멀다고 할 때, 혹은 비유적으로 할 일이 많다고 할 때 I have a long road ahead.처럼 말하는 것과 비슷하죠.
3. 메모해 둔다고 할 때 write down 대신 jot down이라는 말을 쓰기도 하죠.

EMAIL

5 **Please make sure that** you reply to the boss in a timely manner.

직장 상사의 이메일은 제때 답신해야 합니다.

6 **Please make sure that** all of your documents are signed before scanning and sending them to the committee.

위원회로 보내는 모든 메일은 서명하고 스캔한 후에 보내도록 해주세요.

7 **Please make sure that** you check your company email from time to time while you're on vacation.

휴가 중에도 회사메일은 가끔씩 꼭 체크하세요.

5. in a ~ manner는 '~한 방식으로'라는 뜻이죠. 예를 들어 '질서있게'는 in an orderly manner라고 합니다. manner 대신 fashion을 써서 in a timely fashion 이라고 해도 됩니다.

 PRESENTATION

8 **Please make sure** you've received all the handouts. I have plenty more if you need extras.

나누어드린 자료 다 받으셨는지 확인해 주세요. 여분도 많습니다.

9 **Please make sure that** your cell phone is on silent mode as this presentation is being recorded.

프레젠테이션이 녹화되고 있으니 전화기를 무음으로 해 주시기 바랍니다.

8.9. 프레젠테이션을 하는 경우에도 꼭 당부하고 싶은 사항이 있다면 please make sure를 써서 표현할 수 있습니다.

EXERCISE 5

Fill in the blank with the most appropriate word.

01 내 의견 다 검토해 보고 다시 연락 줘요.

I'd _____ you to consider all my opinions and get back to me.

02 어떤 생각이신지 편하게 말씀해 주세요. 기분 나쁘게 받아들이지 않겠습니다.

Please feel _____ to tell me what you think. I won't take it personally.

03 편하신 대로 얼마든지 둘러 보셔도 돼요.

You're _____ to browse through our shop for as long as you'd like.

04 귀하의 면접시간이 오전 9시30분으로 변경되었으니 착오 없으시기 바랍니다.

Please _____ that your interview time tomorrow has been changed to 9:30 am.

05 그럼 같은 팀에서 다른 사람을 추천해 주시는 게 낫겠어요.

In that case, it would be _____ if you recommend someone else in your team.

06 발표가 1시 정각에 시작할 거니까 일찍 점심을 먹는 게 좋겠네요.

I think we'd _____ take an early lunch today as the presentation will begin promptly at one o'clock.

07 복사기가 사용중이 아니면 대기 모드로 전환되도록 하십시오.

Please make _____ that the copy machine is on standby mode when it isn't being used.

답 1. like 2. free 3. welcome 4. note 5. better 6. better 7. sure

그 외 근사한 표현들

6

가끔은 근사한 말로
표현해 보는 것도 좋죠.

모든 평이한 표현에는 그에 대응하는 근사한 표현이 있게 마련입니다. 근사한
표현일수록 어울리지 않는 상황에서 쓰면 오히려 역효과를 가져오기 쉽지만 근사한
표현이 주는 정중한 느낌도 무시할 수는 없죠.

마지막 챕터에서는 일상에서 써 볼만한 근사하고 정중한 표현을 소개합니다.
근사하게 말하는 법에는 끝이 없겠지만 이 정도 표현은 영어가 아주 능통하지 않은
사람이라도 비교적 안전하게 활용할 수 있을 것입니다.

- '도움이 되다'라는 말은 I would be of help/service/assistance 처럼 'be 동사 + of + 도움이나 지원과 관련된 단어'를 써서 표현할 수 있죠.

- 상대방이 친절한 말이나 행동을 했을 때는 근사하게 It's very kind of you to ~처럼 말할 수 있습니다.

- 다른 사람 앞에서 발표를 하거나 감회를 얘기할 일이 생기면 '~라서 영광입니다'라고 말하게 되죠. 이 때는 I'm honored to ~라고 하면 됩니다.

- '~하기를 기대합니다'라는 뜻을 지닌 I look forward to ~는 이메일을 끝맺음하는 인사말을 쓸 때 유용한 표현입니다.

- 약속시간이나 일정을 정할 때 상대방을 배려하며 할 수 있는 말이 at your convenience입니다.

I would be of help ~
제가 도움이 되면

내가 도움이 된다고 할 때 I would be helpful, 혹은 I can help you.라고 해도 되지만 I would be of help처럼 'of+명사'를 적절히 활용해서 표현할 수도 있습니다. 전치사 of 다음에 help뿐 아니라 도움을 뜻하는 service, assistance를 써도 됩니다.

이럴 때 쓰세요

- 내가 도움 될 일이 있으면 알려달라고 말할 때
- 도움이 되어 기쁘다고 말할 때
- 조금이라도 도움이 되면 좋겠다고 할 때

CONVERSATION

1
A Mr. Kim, please inform me at any time about how **I can be of help**.
B I will do that.

　A 김선생님, 제가 어떻게 도움이 될 수 있을지 언제든 알려주세요.
　B 그렇게 하겠습니다.

2
A Please tell me how **I could be of service to you**.
B Could you help me find a good present for my father?

A 제가 어떻게 도움이 될 수 있을지 알려주세요.
B 아버지 사드릴 좋은 선물을 찾는데 도와주실 수 있어요?

3 **A** Hi, Ms. Jay. Is there any way **I can be of help to you**?
B Yes. Could you call Mr. Johnson and schedule a meeting for tomorrow afternoon?

A 안녕하세요 제이 양. 제가 도와드릴 일이 있나요?
B 네. 존슨 씨에게 전화해서 내일 오후 미팅 일정 좀 잡아 주시겠어요?

4 **A** **Can I be of service to you** today?
B I need to get a car repair estimate.

A 제가 오늘 도와드릴 일이 있나요?
B 자동차 수리 견적을 내려고 해요.

1. 알려달라는 뜻으로 동사 inform을 쓰고 있습니다. 대신 Please let me know how I can be of help.처럼 말해도 됩니다.
2. 여기서는 help 대신에 service를 쓰고 있습니다.
4. estimate은 동사로 '추산하다', 명사로 '추산'이라는 뜻을 지닙니다. 비즈니스에서는 '견적'이라는 뜻으로 쓰이죠.

📧 EMAIL

5 **I can be of service to you** 24/7.

연중무휴로 언제든 도움을 드릴 수 있습니다.

6 Please let me know if there is anything **I can be of help to you**.

제가 도와드릴 일이 있으면 언제든 알려주십시오.

7　　Our agency would like to ensure you that **we can be of assistance to you** in any matter.

저희 에이전시가 어떤 일이든 도와드릴 수 있다는 점을 분명히 말씀드리고 싶습니다.

8　　I understand that you are having some trouble tracking down a reputable service provider. I think **we can be of service to you**.

믿을 만한 서비스 제공자를 찾는데 어려움을 겪고 계시다고 들었습니다. 저희가 도움을 드릴 수 있을 것 같습니다.

5. 24/7은 '하루 24시간 일주일(7일) 내내'라는 뜻입니다. 우리말 '연중무휴'를 영어로 이렇게 표현하죠. 읽을 때는 그냥 twenty four seven이라고 하면 됩니다.
6. 이메일을 마무리하는 일종의 인사말로 유용하게 쓸 수 있는 문장입니다.
7. 확실하게 보장한다는 뜻에서 ensure라는 동사를 활용하고 있습니다. 비즈니스에서 '이번 일과 관련하여'처럼 어떤 '일'을 말할 때에는 matter라는 단어를 떠올리면 됩니다. 무슨 일에 관해서든 도움을 줄 수 있다고 했으므로 in any matter라고 했죠.
8. track down은 '추적해 가다', '쫓다'라는 뜻을 지니지만 여기서는 find 정도 의미로 쓰고 있습니다. reputable은 명성이 있고 유명하다는 의미로 쓰는 단어입니다.

PRESENTATION

9　　The purpose of today's presentation is to show you how **our company can be of help to your business**.

오늘 프레젠테이션의 목적은 어떻게 저희 회사가 여러분의 비즈니스에 도움을 드릴 수 있을지 보여드리는 것입니다.

10　　It is my hope that **this presentation will be of help** today as I've tailored it to answer many of your personal questions.

많은 분들의 개인적인 질문에 답변을 드릴 수 있도록 준비했습니다. 오늘 제 프레젠테이션이 도움이 되시길 바랍니다.

10. 동사 tailor는 '맞춤식'을 영어로 표현할 때 적절한 말입니다. I've tailored it to answer many of your personal questions.라고 했으니 '여러분들의 질문에 답하기 위해 그것을 맞추었다'라는 의미가 되죠. 이처럼 상대방이 원하는 것을 제공하기 위해 노력했다고 말하려면 동사 tailor를 생각하면 됩니다.

It's very kind of you to ~

친절하게도 ~해 주셨군요

상대방의 친절한 말이나 행동에 대해 감사의 뜻을 전하며 쓸 수 있는 표현입니다. 학창시절 문법 공부를 열심히 한 독자라면 'to 부정사의 의미상 주어를 표현하기 위해 전치사 for를 쓰지 않고 of를 쓰는 경우가 있다'라는 내용을 기억할지도 모르겠습니다. 굳이 이런 문법사항을 기억할 필요 없이, It's very kind of 사람 to ~ 라고 하면 '~해 주시니 너무 친절하시군요'라는 뜻이라고 생각하는 것이 좋겠습니다. 아주 가까운 사람 사이에서는 과도한 표현이지만, 정중하게 말할 상황에서라면 유용한 패턴이죠.

이럴 때 쓰세요

- 상대방이 어떤 친절한 행동을 했을 때
- 상대방이 한 행동에 대해 감사하는 뜻을 전할 때

CONVERSATION

1
A **That's so kind of you to** help me with this report.
B It was a good learning experience for me.

A 리포트 작성하는 데 도움 주셔서 감사합니다.
B 저도 배울 수 있는 좋은 경험이었습니다.

2 **A** Thank you for the coffee. **It's very kind of you to** treat me.
   B My pleasure.

   A 감사해요. 커피도 주시고 정말 친절하시네요.
   B 별말씀을요.

---

3 **A** I have a few hours free, if you would like any assistance.
   B **It's very kind of you to** offer, but I don't think I need any help today.

   A 제가 남는 시간이 좀 있는데 혹시 도움이 필요하신가요.
   B 친절한 제안 감사합니다만, 오늘은 도움을 필요로 하지 않습니다.

---

1. '제게도 좋은 경험이었습니다'라고 겸손하게 말할 때가 있는데, 이 때는 It was a good learning experience for me.처럼 말하면 됩니다.
2. 여기서도 treat는 '한턱내다', '음식을 대접하다'라는 뜻을 지니죠.

✉ EMAIL

4 Thank you for the invitation. **It's so kind of you to** think of me.

   초대해 주셔서 감사합니다. 제 생각을 해주시다니 정말 친절하세요.

---

5 I wanted to express my gratitude. **It was very kind of you to** greet me at the airport.

   감사 말씀 드리려고 메일 보냅니다. 친절하게 공항에 마중 나와 주셔서 감사했습니다.

6   Thank you very much for your hospitality. **It was very generous of you to** let us stay at your house for the week.

환대해 주셔서 감사합니다. 2주일씩이나 묵게 해주시다니 정말 마음이 넓으세요.

4. 이메일은 정중한 문장을 쓰는 경우가 많으므로 대화보다는 It's very kind of you to ~ 패턴이 더 자연스럽게 느껴지겠죠.
5. '감사함'을 gratitude라고 표현할 수 있습니다.
6. hospitality는 병원을 뜻하는 hospital과 비슷하게 생기고 어원도 같지만 의미에는 차이가 있으니 주의해야 합니다. 보통 우리말 '환대'로 번역하는데, 후하게 접대하는 것을 일컫습니다. 예문에서는 kind 대신 generous라는 단어를 쓰고 있죠. generous는 관대하다는 뜻인데, 잘못을 이해하고 넘어간다는 의미의 관대함이 아니라, 후한 인심을 표현할 때 쓰는 단어이므로 주의해야 합니다.

PRESENTATION

7   Thank you for your time. **It was very kind of you to** fit in my presentation on such short notice.

시간 내 주셔서 감사합니다. 급박한 일정으로 알려드렸는데도 프레젠테이션에 동참해 주시다니 정말 친절하십니다.

8   **It was so kind of you to** allow me to use a company laptop to finish my presentation. Thank you!

회사 노트북을 이용해서 제 프레젠테이션을 끝낼 수 있게 친절히 배려해 주셔서 감사합니다.

9   First, I'd like to thank Mr. Park. **It was very kind of him to** help me prepare for this presentation.

먼저 박선생님께 감사 말씀 전합니다. 이 프레젠테이션을 준비하는 과정에서 아주 친절히 도움을 주셨습니다.

7. fit이 잘 어울린다는 뜻이므로, fit in은 어디에 잘 맞는다는 말입니다. 여기서는 프레젠테이션에 끼어들어와도 잘 맞는다는 뜻으로 이해하면 되겠습니다. 그래서 이 예문은 내가 프레젠테이션하는데 시간을 내어 동참해 주어 고맙다는 의미가 됩니다. 참고로 Would you fit me in?이라고 하면 '잠깐 시간 내서 제 말씀을 들어주실 수 있나요?'라는 말입니다.

9. 프레젠테이션을 완성하는 데 도움을 준 분께 감사할 때 할 수 있는 말입니다.

I'm honored to ~

35

~해서 영광입니다

다른 사람 앞에서 '~해서 영광입니다'라고 말할 때가 있는데, 이 때 생각할 패턴이 I'm honored to ~입니다. honor를 명사로 써서 It's an honor to ~라고 말해도 됩니다.

honor 대신 쓸 수 있는 단어로 privilege도 있는데요, '특권'이라는 뜻이지만 '~하는 것이 내게는 특권과 같다'는 의미로 정중하게 하는 말입니다. 역시 It's a privilege to ~처럼 표현할 수 있습니다.

이럴 때 쓰세요

- 초대받은 자리의 많은 사람들 앞에서 감사의 뜻을 전할 때
- 여러 사람 앞에서 연설을 하거나 소감을 얘기할 때
- 상대방이 내게 해 준 일에 감동하여 감사의 뜻을 전할 때

CONVERSATION

1
A **I'm honored** you invited me.
B Thank you for joining us.

A 초대해 주셔서 영광입니다.
B 와 주셔서 감사해요.

2   **A It's an honor to** be included in this conversation.
     B We're glad to have you with us today.

   A 대화에 참여하게 되어 영광입니다.
   B 함께 해 주셔서 기쁩니다.

3   **A It's such a privilege to** receive the reward.
     B You deserved it!

   A 상을 받게 되다니 영광입니다
   B 충분한 자격이 있으세요.

1, 2. 이렇게 I'm honored ~혹은 it's an honor ~ 두 가지로 표현할 수 있습니다.
2. 어떤 자리에 함께하는 것을 동사 have로 표현할 수 있습니다. '이 자리에 불러 주셔서 감사합니다'라고 할 때 Thank you for having me.라고 말하죠. 여기서는 '당신이 참가해 주셔서 기쁩니다'라는 뜻으로 We're glad to have you with us today.라고 말하고 있습니다.
3. 충분한 자격이 있다고 할 때 deserve it이라는 표현을 쓸 수 있습니다. '~을 누릴 자격이 있다'는 뜻으로 하는 말이죠. 또, '쌤통이다'처럼 안 좋은 일에 대해서 쓰기도 합니다.

E M A I L

4   **It was an honor to** receive an autographed copy of your book.

   직접 사인한 책을 주시다니 정말 영광입니다.

5   **I was honored to** be part of the event yesterday. Thank you for your invitation.

   어제 행사에 참여할 수 있어 영광이었습니다. 초대해 주셔서 감사합니다.

6 **I was deeply honored by** the donation you made in my name to UNICEF.

유니세프에 제 이름으로 기부를 해주셔서 정말 영광입니다.

---

 4. 유명인이 해주는 '사인'은 signature가 아니라 autograph라고 합니다. 사인된 책은 autographed copy라고 하죠. copy는 책을 세는 단위라고 생각하면 됩니다.
5. 행사에 참석했을 때 말할 수 있는 전형적인 인사말이 I'm honored to be part of the event.입니다.

PRESENTATION

7 **It is such a great privilege and honor to** be speaking to you all today.

여러분들께 말씀드릴 기회를 갖게 된 것을 대단한 영광으로 생각합니다.

8 **I'm truly honored for** the opportunity to talk about my product today.

저희 상품을 소개할 기회를 갖게 되어 영광입니다.

9 First, let me say that **it's an honor to** give this talk in the company of such distinguished guests.

이렇게 저명하신 분들 앞에서 말할 기회를 갖게 되니 영광입니다.

---

 7. privilege와 honor 둘 다 써서 더 거창하게 말할 수도 있습니다.
8. 자신의 회사나 상품을 소개하는 프레젠테이션을 할 때, 시작하는 말로 쓸 수 있는 문장입니다.
9. 회의나 컨퍼런스에 참석한 사람을 guest라고 하는데, 꾸며주는 말로 distinguished를 잘 씁니다. 여기 쓴 company는 '회사'가 아니라 '같이 있는 사람들'을 말하죠. in the company of such distinguished guests라고 하면 '저명하신 내빈들 앞에서' 라는 말이 됩니다.

I look forward to ~

~하기를 기대합니다

36

어떤 것을 기대한다는 뜻을 지닌 표현입니다. to가 전치사이므로 다음에 ~ing 형이 와야 한다고 배운 기억이 있을 것입니다. 그런데 이 표현은 특히 이메일을 끝맺음하는 인사말로 유용하죠. I look forward to hearing from you again. 혹은 I look forward to seeing you soon.이 우리말로 따지면 '다시 연락 드리죠', '곧 뵙죠' 정도 의미로 하는 말입니다.

이럴 때 쓰세요

- 기대하는 내용을 말할 때
- 이메일에서 연락을 기다리겠다는 말로
- 앞으로 이렇게 하면 감사하겠다는 뜻을 전할 때

CONVERSATION

1 **A** Hey, Paul, **I look forward to** hearing your presentation.
   B Thanks. It's still a work in progress at this time.

   A 폴, 프레젠테이션 기대하고 있어요.
   B 고마워요. 아직 준비 중입니다.

2 **A** I heard you got a promotion. Congratulations. **I look forward to** hearing more good news from

you.
B Thank you.

A 승진했다는 소식 들었어요. 축하해요. 앞으로도 좋은 소식 기대할게요.
B 감사합니다.

---

1. 일이나 행사를 준비하는 사람을 격려하는 표현으로 look forward to를 쓸 수 있습니다. work in progress는 진행 중인 일, 즉 아직 준비중인 일을 말합니다.
2. 덕담처럼 더 좋은 일 있기를 바란다는 뜻으로 I look forward to hearing more good news from you.라고 말하고 있습니다.

3 **I look forward to** seeing you again in the future.

조만간 또 뵙기를 바랍니다.

---

4 **I look forward to** talking with you in person after our lengthy email correspondence.

오랜 동안 이메일로만 연락을 해 왔는데 직접 뵙고 말씀 드릴 수 있기를 기대합니다.

---

5 We value our long business relationship with you and **look forward to** another successful year.

오랜 기간 같이 사업을 진행할 수 있어 좋았습니다. 올 한 해도 좋은 결과 있기를 바랍니다.

---

6 I would welcome the opportunity to interview for this position and **look forward to** hearing from you.

면접을 볼 수 있기를 바랍니다. 연락 주시면 감사하겠습니다.

7 **We look forward to** doing business with you in the future and hope we can build a strong relationship between our two companies.

앞으로도 비즈니스를 같이 해 나갈 수 있기를 기대하며, 두 회사 모두를 위한 굳건한 비즈니스 관계를 수립하고 싶습니다.

3. 이메일의 끝맺음 말로 쓸 수 있는 전형적인 문장입니다. '또 소식 듣기 바랍니다' 정도로 말하려면 I look forward to hearing from you again in the future.라고 하면 됩니다.
4.5. ~을 기대한다는 뜻으로 expect 대신 사용할 수 있습니다. look forward to 다음에 ~ing 형 대신 another successful year처럼 기대하는 내용을 그대로 써도 됩니다.
5.7. 비즈니스 파트너에게 할 수 있는 전형적인 말입니다
6. 입사 지원 메일에 쓸 수 있는 문장입니다. 면접 기회를 달라는 말이죠.

 PRESENTATION

8 **I look forward to** introducing you to our special guest speaker, Mr. Doe.

오늘 특별히 말씀해주실 아무개 씨를 소개하고 싶습니다.

9 **I look forward to** presenting the upcoming annual budget at the next meeting.

다음 번에는 차기연도 예산에 대해 프레젠테이션 할 수 있기를 바랍니다.

10 **I look forward to** telling you more about our successes this quarter.

이번 분기의 성공 사례에 대해 더 말씀드릴 수 있기를 기대합니다.

8. 앞으로 있을 일에 기대를 표현하며 할 수 있는 말입니다. '아무개'를 영어로는 성씨 Doe를 이용해 표현합니다. 보통 남성은 John Doe, 여성은 Jane Doe 라고 하죠.

at your convenience
시간이 되실 때

37

약속을 정하거나 부탁을 할 때 상대방의 일정을 고려하는 모습을 보이는 것이 중요하죠. '편할 때 하세요'라는 의미를 전달하기 위해 쓰는 단어가 convenient와 comfortable입니다. 두 단어의 쓰임을 주의해야 하는데, when you are comfortable이라고는 해도 when you are convenient라고는 하지 않습니다. 대신 if it is convenient for you라고는 할 수 있죠.

when you are comfortable, when it's convenient for you, at your comfort처럼 말해도 됩니다. 또 at your convenience에서 convenience 앞에 earliest를 붙여 '가능한 빨리'라는 의미를 추가할 수도 있습니다.

이럴 때 쓰세요

- 상대방이 편한 시간에 ~하라고 말할 때
- '가능한 빨리'라는 말을 정중히 표현할 때

CONVERSATION

1
A Could you let me know John's number **at your convenience**?
B I'll send you his number in a text message.

A 편할 때 존의 전화번호 좀 알려주겠어요?
B 문자로 보낼게요.

2
  A Well, look at the time. I'd better be going, or I'll be late for my next meeting.
  B Would you mind if we continued this conversation **at your earliest convenience**?

  A 시간이 벌써 이렇게 됐네요. 지금 나가지 않으면 다음 회의에 늦겠어요.
  B 그럼 가능한 빠른 날짜에 오늘 한 얘기를 계속할 수 있을까요?

3
  A Please send me the documents **at your convenience**. I won't need them until next week.
  B Thank you. It'll give me some more time to look at them.

  A 그 문서는 편할 때 보내주세요. 다음주까지는 없어도 됩니다.
  B 감사합니다. 검토할 시간이 좀 더 생기겠군요.

4
  A **If you're comfortable**, let's meet downtown.
  B Sure, that's fine. Let me text you later when I'm free.

  A 괜찮으면 시내에서 만납시다.
  B 좋아요. 시간 될 때 문자 하겠습니다.

해설
1. at your convenience 대신 when you feel comfortable이라고 해도 됩니다.
4. If it's convenient for you, let's meet downtown.처럼 convenient를 써서 표현해도 됩니다.

EMAIL

5   Please reply **at your earliest convenience**.

    되도록 빨리 답변 주세요.

6   Let's schedule a meeting **at a comfortable time** for you and your staff.

그쪽에서 편하신 시간에 회의를 하도록 하죠.

7   Please look at the attachments and send me feedback **at your convenience**.

첨부 파일 검토하시고 편할 때 피드백 주세요.

8   Please scan and send me the additional receipts **at your convenience** so we can process your refund.

환불처리를 할 수 있도록 준비되시는 대로 영수증 사본을 추가로 보내주십시오.

 5. 이메일에서 아주 빈번히 쓰게 되는 문장입니다. 상대방의 일정을 배려하되, 급박하게 처리하고 싶은 내 입장도 표현하기 위해 earliest라는 말을 넣었습니다. 사실상 빨리 처리해 달라고 재촉하는 표현이지만 최대한 정중함을 유지하고 있는 셈입니다.
6. comfortable time이나 convenient time 모두 좋습니다.

 PRESENTATION

9   There is additional information included in your packets. Please look through it **at your convenience**.

문서자료에 추가 정보가 있습니다. 편할 때 살펴보세요.

10   Did everyone have a chance to stretch and get some coffee? **When you feel comfortable**, please take a seat and we'll begin again.

기지개도 켜고 커피도 좀 드시고 그랬나요? 편할 때 자리로 돌아오시면 다시 시작하겠습니다.

10. 여기서는 '다시 시작할 준비가 되면' 정도의 의미로 when you feel comfortable이라고 말하고 있습니다.

EXERCISE 6

Fill in the blank with the most appropriate word.

01 제가 도와드릴 일이 있나요?

Is there any way I can be of _____ to you?

02 초대해 주셔서 감사합니다. 제 생각을 해주시다니 정말 친절하세요.

Thank you for the invitation. It's so _____ of you to think of me.

03 어제 행사에 참여할 수 있어 영광이었습니다. 초대해 주셔서 감사합니다.

I was _____ to be part of the event yesterday. Thank you for your invitation.

04 조만간 또 뵙기를 바랍니다.

I look _____ to seeing you again in the future.

05 가능한 빠른 날짜에 오늘 한 얘기를 계속할 수 있을까요?

Would you mind if we continued this conversation at your earliest _____?

06 제가 어떻게 도움이 될 수 있을지 알려주세요.

Please tell me how I could be _____ service to you.

07 직접 사인해 주신 책을 주시다니 정말 영광입니다

It was an _____ to receive an autographed copy of your book.

답 1. help 2. kind 3. honored 4. forward 5. convenience 6. of 7. honor

'100% 실용영어' 팟캐스트로 원어민 음성과 저자 해설을 들으세요